패스트푸드

아는척하기 좋은
실전 지식 54

인문학

패스트푸드
인문학

**아는척하기 좋은
실전 지식 54**

인문학, 나를 위한 시작 🌍

언젠가부터 대학 내에서 인문학의 위상은 갈수록 낮아졌다. 각 학교들은 대학평가에 있어서 높은 등급을 얻기 위해 필요한 양적 성과를 낼 수 있는 학문특히 의대, 공대, 경영대 등에는 관심을 기울이지만, 순수학문이라 할 수 있는 인문학 관련 학과는 소외시키고 있다.

반면 우리 사회에서 인문학은 유행처럼 번져 나가고 있다. 인문학이라는 제목의 강의가 넘쳐나고, 인문학이라는 단어가 들어간 책들이 서점을 장악한다. 학자라는 사람들이 미디어에 나와 인문학의 중요성을 피력하는 장면도 심심치 않다. 대학입시나 언론사 취업에 필요한 논술에도 인문학이 가장 큰 비중을 차지하고 있는 것이 사실이다.

인문학은 오늘날 경쟁을 위한 무기이며 나를 개발하는 밑천이다. 그러기 위해 다양한 분야의 책을 읽어야 한다. 또한 시대를 읽기 위해서는 언론·미디어에도 관심을 기울여야 한다. 문제는 이것 말고도 해야 할 일이 많다는 것이다. 학생·취준생이라면 두말할 것도 없다.

이 책은 이런 분들에게 권한다. 시간은 없는데 해야 할 것은 많아서, 다양한 책들을 접하기 어려운 사람들. 오늘을 사는 사람으로서 필요한 양식을 쉽고 빠르게 전달하는 역할을 해줄 것이다. 내 상황과 관심도에 따라, 또는 필요에 따라 선택해 읽을 수 있는 책인 것이다.

이 책은 어려운 책이 아니다. 전문적인 인문학적 주제를 눈높이에 맞게 풀어내고자 했다. 보통사람들이 일상에서 부딪히는 문제들, 신문지상에서 흔히 접하는 현상들을 철학적으로, 이론적으로 이해하면서 인문학적 주제를 자연스럽게 상기시키도록 했다.

이 책은 원인, 결과 외에도 자신의 입장과 견해를 정리할 수 있도록했다. 논술을 준비하는 학생들을 위해, 면접을 준비하는 취준생을 위해 그리고 인문학적 주제들을 좀 더 쉽게 깊이 이해하고 싶고 나를 정립하기를 바라는 평범한 독자를 위해 쓰였다. 인문학에 접근하고 오늘을 잘 이해하고 싶은 모든 독자들에게 이 책이 가장 편안하고 효과적인 도구로서 활용되었으면 하는 바람이다.

인문학이 무엇인가 🔍

어떤 책을 보면 철학일 것도 같고, 어떤 책을 보면 역사일 것도 같다. 미학을 이야기하는 책도 있고, 그림을 논하는 책도 있다. 서점에 베스트셀러 코너를 장악하고 있는 수많은 책들만 봐서는 뭐가 인문학인지영 알 수가 없다. 사전적 의미로는 '인간과 인간의 근원문제, 인간의 사상과 문화에 관해 탐구하는 학문'이다. 철학, 역사, 문화 등 우리를 둘러싼 그 모든 것, 이른바 종합학문이 아닐까 짐작할 뿐이다.

무엇을 인문학이라 할까?

인문학을 가리키는 두 단어가 있다. 'Liberal Arts'와 'Humanities'가 그것이다.

Liberal Arts는 영어권에서 인문학을 지칭할 때 자주 쓰이는 말이다. 그러나 오늘날의 인문학이라기보다는 말 그대로의 자유학문, 교양학문에 더 가깝다. 고대사회에서 중세사회로 전환되는 시점에 자유민 신분의 사람들이 갖춰야 할 만한 교양을 가리키는 말로 시작되었다. 이때의 Liberal Arts는 당시 대학을 중심으로 논리학, 대수학, 기하학, 천문학, 음악을 포함하고 있었다.

반면 Humanities의 시작은 15~16세기 이탈리아에서 시작된 인문주의 운동, 바로 르네상스였다. 이 시기 인문주의 운동에 활력을 공급한 것은 그리스·로마고전의 재발견이었다. 그로 인해 인문학의 범위에 문법·수사학·시학·역사·도덕철학이 포함되고, 중세 Liberal Arts에 포함되어 있던 논리학·대수학·기하학·천문학·음악이 빠졌다.

그러나 근대는 과학이 각광받던 시대였다. 인문학도 시대상을 반영할 수밖에 없었고, 그에 따라 엄밀한 탐구방법과 탐구대상을 갖춘 학문으로 자리매김을 시도했다. 그 결과 인간다운 인간을 기르기 위한 교양교육으로서의 인문학보다 자연과학과 마찬가지로 기능상의 근대적 인간을 만들어내기 위한 수단으로서 인문학이 강조되었다. 본질이 아닌 수단으로 전환된 것이다.

이런 변화는 학문의 본질이라 할 수 있는 인문학을 갈수록 축소하고 있는 오늘날 대학의 상황과 일맥상통한다. 실용과 기능을 강조하는 사회분위기에 편승하는 것이라고 변명을 하고 있기는 하지만 본질적으로는 학문의 변종이자 변절이 아닐 수 없다.

그런데 아이러니하게도 입시와 취업 때에는 응시자의 인문학 소양을 확인하려고 한다. 가르치려고는 하지 않고 평가하려고만 하는 것이다. 이런 이중적 태도가 가능한 것은 인문학이 인간을 길러내기 위한 기초이자 인간다운 이념을 충실히 실현할 수 있도록 도와주는 교육이라는 것에 공감하기 때문이다. 한창 지적으로 성장기에 있는 이에게 창의적·심미적인 감성과 자기성찰의 능력을 길러주는 것, 전통문화와 인류의 다양한 지식 및 역사에 대해 식견을 갖도록 해주는 것, 자유롭게 자신의 역량을 가늠할 기회를 제공하고 사회에서 인간으로서의 도덕적 판단을 할 수 있도록 도와주는 것 그것이 인문학이기 때문이다.

어떻게 인문학에 접근해야 할까?

정규교육만으로 가능하다면 좋겠지만, 현재 우리의 교육현실에서는 어려운 것이 사실이다. 그렇다면 가장 손쉽고 간단한 것은 다양한 분야의 책을 많이 읽는 것이다. 하지만 이 역시 입시지옥, 취업지옥에서 해야 할 것, 봐야 할 것이 많아 한 시간도 아까운 상황에서 쉽다고만 할 수 없는 일이다.

이때의 대안은 무엇이 화두인지를 아는 것이다. 화두는 일종의 관심사이기 때문이다. 하지만 신문을 읽는 것도, 뉴스를 보는 것도 어려운 현실에서 무엇을 취사선택할 것인지 선택하는 것도 문제다. 시간은 없고, 분야나 자료는 방대하고 그야말로 진퇴양난.

그러다 보니 논술시험 자체가 개념에 대한 이해도를 따지는 데 많이 치중되어 있다. 제시문에서 예시를 여러 개 들고 이를 관통하는 관점을 개념어로 밝히라고 하거나, 제시문의 내용을 개념어를 이용해 설명하라고 하는 문제가 대부분인 것이다.

물론 제시문의 내용을 이해한다고 하더라도 그것과 연결시킬 수 있는 개념어와 그 하위개념들을 찾아내지 못한다면 기본적으로 서술이 불가능하다. 어떤 개념이 이슈인지, 시대상을 반영한 개념이 무엇인지를 아는 것이 매우 중요한 이유다.

개념어는 흔한 말로 키워드라 할 수 있다. 인문학에서의 키워드에는 인류의 축적된 지혜와 사상이 담겨 있다. 과거 또는 오늘날의 사상가들이나 지성들 및 집단지성이 구축해놓은 지식을 가리키는 용어다. 논술문제에서의 제시문은 지식의 결정체에 대한 풀이라 할 수 있고, 문제는 그것에 담긴 근본적 물음인 셈이다.

그렇다고 아는 것을 장황하게 늘어놓는 것만으로는 문제가 해결이 되지 않는다. 핵심만, 주요내용만 간략하게 설명할 수 있는 능력도 필요하다. 그리고 이 핵심은 역사적·상황적·시대적 배경을 알고 있다면 보다 선명하게 기억될 것이다.

나아가 현재에서 어떻게 평가되고 있는지를 알고 새롭게 제기되고 있는 반론을 이해하고 있다면 앞으로의 전망이나 개선책을 세울 수 있게 된다. 이 책은 이러한 목적으로 내용이 구성되었다.

이 책은 이렇게 읽는다

먼저 'A는 B다'라는 식의 키워드를 정의한다. 제시문의 주제에 맞는 키워드를 찾았다면 그에 대한 간략한 설명이 필요하기 때문이다. 만약 시간이 없다면 이것만 읽고 책을 덮어도 된다.

 3분 개요

전통적으로 철학적 관심의 대상이 되는 광범위한 주제, 그중에서도 세계의 궁극적 근거를 '경험을 배제한 순수한 사고'를 통해 연

그러나 핵심만으로는 제시된 예시에 부합하는 키워드를 찾기 어려울 수도 있다. 역사적인 배경이 나올 수도 있고, 관련 인물에 대한 설명이 나올 수도 있기 때문이다. 때문에 키워드가 세상에 나올 수 있었던 여러 가지 배경에 대한 이해가 있어야 한다.

 심화 학습

실존주의는 19세기 중엽 이후 근대 시민사회가 모순을 드러낸 사회상황 속에서 키에르케고르와 니체에 의해 시작되었다. 이들은

여기까지는 과거의 이야기다. 원인이고 과정이었다. 이제 현재와 미래로 나아가야 한다. 지식이 과거에 매달려만 있다면 죽은 지식일 뿐이기 때문이다.

 지식 확장

동서양의 학문 간에 형이상학은 관념, 본질, 존재에 대한 고찰이라는 점에서 차이가 없으나 그 접근방법에는 차이가 크다.

논제에 대해서 올바르게 논증하기 위해서는 올바른 개념의 정의가 머릿속에 있어야 하고, 올바르게 이해하고 있어야 한다. 개념을 잘못 이해하고 있다면 논술답안은 궤도를 이탈해 전혀 다른 목적지를 향해 나아간다. 물론 제시문이 길다고, 혹은 어렵다고 미리 겁먹을 필요는 없다. 현행 논술문제는 답을 유도하는 일련의 장치들을 문제 곳곳에 배치해두고 있기 때문이다.

어떤 사람은 배경지식 따위는 필요 없다고도 한다. 맞는 말이기도 하고 틀린 말이기도 한다. 세세한 것까지 알고 있을 필요는 없다는 의미에서 맞는 말이고, 전반적으로 이해하고 있어야 사용할 수 있다는 의미에서 틀린 말이다.

때문에 죽어라고 이 책을 암기하라고 하고 싶지 않다. 역사책처럼, 이야기책처럼 가볍게 읽고 이해하라고 권한다. 그러면 자연스럽게 키워드가 머릿속에 자리하게 될 것이다. 수학도 무조건적·기계적으로 공식을 암기하고 있을 때보다는, 이해하고 있을 때 쉬워지는 것과 같은 이치다. 이해하고 있다면 암기할 필요는 없다.

세상은 참 많은 걸 원한다. 시대가 원하는 사람이 되라고 한다. 기술적으로, 기능적으로 갖추라고 닦달한다. 하지만 그전에 갖춰야 할 것은 '인간다움'이다. 인문학은 당신에게 인간다움을 전해줄 것이다. 지금의 자리에서 원하는 곳으로 한 발 전진하게 해줄 것이다. 그렇다면 기왕이면 좀 쉽게 가보자.

자, 이제 시작해볼까?

PART II 정치 · 경제

PART Ⅲ 사회 · 문화

PART

역사·철학

형이상학

Metaphysics

세상의 본질을 파악하려는 전통적인 철학

· · ·

#제1철학 #아리스토텔레스 #베르그송

 3분 개요

전통적으로 철학적 관심의 대상이 되는 광범위한 주제, 그중에서도 세계의 궁극적 근거를 '경험을 배제한 순수한 사고'를 통해 연구하는 학문이다. 경험세계인 현실세계를 초월하여 그 뒤에 숨은 본질, 존재의 근본원리를 체계적으로 탐구하고자 한다.

특히 영역적·부분적인 지식이 아니라 보편적·전체적인 지식을 추구한다. 이를 테면 형이상학의 명제로는 '존재의 본질은 무엇인가?', '신은 존재하는가?', '모든 일은 결정되어 있는가?' 등이 있다.

그 시작인 아리스토텔레스Aristotle, BC.384~BC.322는 형이상학을 '제1철학'으로 명명했고, 물리학이나 생물학처럼 과학적 방법에 의한 탐구는 '제2철학', 즉 자연철학자연과학, 자연학으로 구분했다.

그리스어로 형이상학^{Metaphysics}은 '메타^{초월 : meta}'와 '피지카
^{자연학 : physika}'라는 말의 결합으로 이루어진 단어이다. 자
연학을 감각과 경험의 영역으로 보았을 때 이를 초월
한 보편적인 원리에 따른 사유임을 강조한 표현으로 아
리스토텔레스의 유고전집을 정리하던 중에 만들어진 말
이다.

고대그리스의 철학자들은 실재 세계의 대
상인 감각할 수 있는 사물들과 정신의 대상
인 관념들을 구별했고, 그중 인간의 직접
적인 경험으로는 답을 구할 수 없는 정신
의 대상인 관념들을 통해 만물의 본질
이나 존재의 이유 등을 밝히고자 했다.

이들의 철학적 고찰은 중세에 절대
적인 종교관에 의해 사멸되다시피 했
고, 이후 르네상스를 거치면서 부활해 근
대 18세기에 이르러 꽃을 피웠다. 근대의
형이상학적 철학자들은 추상적인 관념 그
자체보다는 '추상과 실체의 관계'에 관심을
기울여 둘 다 존재하는 것인지, 또는 둘 중
어느 하나가 나머지 하나보다 더 실재적인지
를 해명하려 했다.

아리스토텔레스 ▶

형이상학의 개념은 19세기 초 칸트와 헤겔에 이르러서 인식론에 기반한 '학문으로서의 형이상학'으로 정립되었다. 중세 때 사멸되다시피 했다가, 사유의 형식과 실재의 형식을 탐구하는 학문으로 부활한 것이다.

Size Up 지식 확장

동서양의 학문 간에 형이상학은 관념, 본질, 존재에 대한 고찰이라는 점에서 차이가 없으나 그 접근방법에는 차이가 크다.

먼저 서양의 경우에는 '인간은 형이상학적 진리들을 직접적인 경험으로 알 수 없다'는 전제가 있었다. 이는 형이상학적 진리들은 사색·추론, 또는 근거 없는 신념·신앙에 지나지 않는다고 보는 주장의 논거가 되기도 했다. 그리고 서양에서는 궁극적으로 모든 사상체계가 하나의 경계 안에 묶여 서로 간의 비교·분석을 거친 뒤, 대립 또는 모순되는 것이 있다면 둘 중 하나는 거짓이어야 한다고 생각하는 경향이 있었다.

반면, 동양에서는 인간은 직접적인 경험에 의해 형이상학적 진리들을 알 수 있다는 관점을 가졌다. 동양의 사상가들은 형이상학적 진리들을 알기 위해 사색·추론·신념·신앙에 오로지 의존해야만 하는 것은 아니라고 봤다. 그리고 하나의 형이상학적 진리에 대해 여러 가지의 해석이 있을 수 있는데, 이들 여러 가지 해석은 대립하거나 모순되는 것이 아니라 상호보완적이라고 봤으며, 모든 해석은 각기 다른 종교적·사상적·철학적 배경을 가진 사람들 중 특정 부류의 사람들을 형이상학적 진리로 이끌어가는 데 있어 특히 적합하다고 봤다.

한편 고대의 형이상학은 중세 때 기독교 신학과 결부되면서 사실상 피지카^{자연철학}와 완전히 단절되어 버린다. '메타–피지카'라는 단어는 경험을 배제하고 사유를 전제한다는 본래의 의미에서 변질되어 초현실적이고 교조적^{敎條的}인 의미로 바뀐다. 이렇게 변질되었던 의미 때문에 근대철학에서도 형이상학은 받아들여지기 쉽지 않았다. 이후 칸트와 베르그송* 등에 의해 학문으로 재정립되었지만, 여전히 일상에서 형이상학이라는 말은 사변적^{思辨的}, 독단적이라는 뉘앙스를 풍기는 단어의 역할을 하고 있다.

앙리루이 베르그송
Henri-Louis Bergson, 1859~1941

유태계 프랑스인 철학자이다. '지속, 의식, 생명의 문제' 등에 철학적 사유를 집중시키는 경향을 보인다. 선험적인(a priori), 논리적인 체계를 구축하려 하기보다는 동시대 자연과학의 실증적 성과들을 수용했다. 또 다른 한편으로는 경험과 직관에 기반을 둔다는 점에서 전통적인 형이상학과는 구분되는 면이 있다.

실전 응용 Delivery

형이상학과 현대과학의 인공지능 알고리즘 개발기술은 어떤 유사점을 가지고 있을까?

실존주의

Existentialism

관념론에서 벗어나 개인의 실존과 주체성을 강조한 철학사조

• • •

#현실참여 #리얼리즘 #사르트르

 3분 개요

개인적이고 현실적인 인간의 존재를 그저 추상화할 수 없다는 인식에서 인간의 실존문제를 중시하고, 비인간화의 문제를 극복하기 위해 각 개인의 주체적인 삶의 자세를 강조하는 20세기 철학사조다. 인간은 자신을 스스로 만들어가는 존재로 규정하고, 실존이 인간을 인간답게 만든다고 주장한다. 이 때문에 실존주의 · 실존철학은 관념이나 이념, 또는 사물을 다루기보다 인간에 집중하기 때문에 '인간의 철학'이라고 불린다.

실존주의는 19세기 중엽 이후 근대 시민사회가 모순을 드러낸 사회상황 속에서 키에르케고르와 니체에 의해 시작되었다. 이들은 대중 속에서 개인의 고독한 예외자로서의 입장을 고찰했다.

이후 젊은 철학자들과 도스토예프스키, 카프카를 비롯한 문학가들을 거치면서 실존주의에 진취적 가치가 모색되기 시작했다. 이들은 일상적인 삶의 저변에 숨겨져 있는 음울한 허무의 심연을 응시하면서 그 속에서 개인의 주체성을 확보하고자 했다.

실존주의가 독자적인 철학사상으로 완성된 것은 제1차 세계대전의 패전국으로서 심각한 사회적 위기감을 겪은 독일에서였다. 전쟁과 패전으로 사회적 불안이 엄습하고 사람들이 심각한 소외감을 느끼게 되면서 독일 철학자들은 인간의 주체성 회복에 주목한 것이다.

그러다 제2차 세계대전으로 유럽 전역이 전쟁에 휘말리면서 전쟁의 잔혹함, 황폐해진 터전, 인류 절멸 병기의 출현, 생활 전면에 걸친 인간 삶의 획일화 등에서 비롯된 공포감이 만연해졌다. 이에 유럽인들은 불안과 절망 속에서 삶의 정답을 찾을 방법을 모색했다. 그 결과 그런 질문에 답을 할 수 있는 실존주의가 자리를 잡고 독일을 넘어 프랑스와 이탈리아를 거쳐 유럽 각국으로 파급되기에 이른 것이다.

즉, 신과 관념, 물질에 대한 집착을 버리고 인간에 집중하는 실존주의의 태동의 이유는,

첫째, 근대의 기계문명과 메카니즘적 조직 속에서 인간이 개성을 잃고 평균화·기계화·집단화되고, 20세기 후반에 와서 인간의 교환 가능성과 인간의 타유화(他有化), 즉 소외가 더욱 심각한 상황으로 드러났기 때문이었고,

둘째, 제1차·2차 세계대전으로 말미암아 인류의 진보라는 일체의 낙관론이 황폐화되었기 때문이었다.

이러한 태동에서 알 수 있듯 실존주의는 기본적으로 이전 시대의 본질 탐구 철학인 합리주의 철학에서 벗어나 개개의 단독자(單獨者)이자 자각적 존재인 자신의 실존구조를 인식·해명하려 한다. 실존이란 자기 존재의 필연성을 인정하고 인간은 스스로를 규정지을 수 있는 본질적 자유자임을 인정하는 것이다. 이에 개인의 자유, 책임, 주관성을 중요하게 여긴다. 여기에서 그 유명한 "실존은 본질에 앞선다"는 말이 등장한다.

실존주의의 제1원리는 '인간은 본래적 자기를 자기 스스로 계속 만들어갈 수밖에 없다'이다. 허무와 자유 속에서의 자기부정과 자기초월의 반복을 통해서 자각적인 주체성이 창조된다는 것이다. 여기에서 실존은 역사적·사회적 조건에 규제되는 '세계 내 존재'로서 고뇌·죄책감·죽음 등의 '한계상황'에 직면한다.

그런데 역설적이게도 한계상황은 인간으로 하여금 삶의 의미를 다시 생각하게 하고 죽음은 오히려 삶의 소중함을 우리에게 일깨워준다. 특히 자살이 아닌 죽음은 인간이 상황적 존재임을 보여주는 가장 단적인 증거가 된다. 실존주의자들에게 중요한 것은 종교

적 내세도 과거도 아닌, 바로 지금 '현재'이다.

우리나라에서의 실존주의는 유럽이 그랬던 것처럼 1950년 한국 전쟁으로 인한 죽음 및 폐허의 체험, 즉 영향과 자생의 실존주의 적 경험과 고찰이 시와 소설로 구체화되었다가 전쟁의 극복을 위 한 휴머니즘과 현실참여의식이 결합하면서 1960년대에 이르러 리 얼리즘, 참여문학으로 이어졌다.

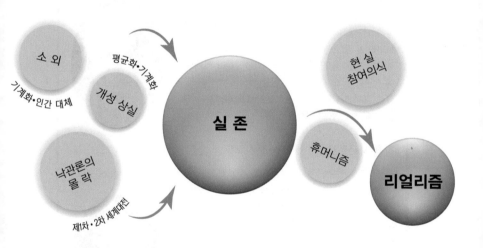

쇠렌 키르케고르 Søren Kierkegaard, 1813~1855

외부지식에 대한 인식론적 접근과 객관적 진리의 확인이
라고 하는 철학의 기존 임무를 내려놓고 인간의 내면에
서 움직이는 주관적 내용에 주목해야 한다고 주장했
다. 존재하는 것 전체를 체계화하려는 헤겔의 시도를
공격하면서, 실존은 불완전하고 끊임없이 발전하기
때문에 체계로 구성할 수 없다고 선언했다. 사회적으
로는 무의미한 형식주의를 남발하여 시민의 노예가 됨
으로써 종교를 배반한 덴마크 국교회의 수치스런 상황을
폭로하는 데 집중했다.

카를 야스퍼스 Karl Jaspers, 1883~1969

인간의 '한계상황'에 대한 사상적 발전을 보였다. 그에게
한계상황은 죽음, 고뇌, 우연, 죄책감, 투쟁 등 인간이
회피할 수 없으면서도 이것에 의해 자신의 실존과 마
주하게 되는 궁극적 상황이다. 그는 인간이 한계상황
에 직면했을 때 자기실존의 참된 의의를 드러내고, 과
학적 견해에서 벗어난 실존 그 자체에 직면하게 되며,
신(神)에 대한 참된 경험을 하게 된다고 주장했다.

장폴 사르트르 Jean-Paul Sartre, 1905~1980

사르트르에게 인간은 우연하게 이 세상에 던져진 존재였다. 어떠한 사명이나
의의를 갖지 못한 채 태어났기 때문에 자유롭기는 하지만 좋
건 싫건 항상 스스로 자신의 미래를 선택하지 않으면 안
되는, 자유가 선고된 존재, 선택이 강요된 존재였다. 그
리고 그는 인간의 선택은 자신뿐 아니라 인류 전체의
이상과 합치해야 한다고 주장했다. 때문에 그에게 종
교나 신은 허무의 대상이었지 고찰의 대상이 아니었
다. 이것이 이전 실존주의 철학자들과 구분하는 중요
한 요소가 되었다. 한편 사르트르는 1964년 노벨문학상
수상자로 결정되었지만, 노벨상이 "서구인에게 치우침으
로써 그 공정성을 잃었다"며 거절했다.

실존주의는 전통적 가치의 붕괴, 전쟁, 암울함, 굶주림의 시대를 위로하려 했다. 때문에 현대에 와서 문화의 영역에서 반향을 일으켰다. 문학에서는 프란츠 카프카, 사르트르, 시몬 드 보부아르, 알베르 카뮈 등이 실존주의 경향을 보였다.

그 외 예술에서는 초현실주의와 표현주의가 실존주의에서 비롯된 형식을 갖췄다고 볼 수 있다. 또 실존주의는 야스퍼스와 루트비히 빈스방거를 통해 정신병리학에도 침투했다. 신학에서는 카를 바르트, 파울 틸리히, 루돌프 불트만 등이 실존주의의 영향을 받았다.

실전 응용 Delivery

'실존성'은 본래 철학적 의미인 '인간의 실존'이라는 의미와 달리 '예술의 실존, 정치의 실존'과 같이 다양한 분야에서 특정 대상의 본질을 설명하기 위한 용어로 자주 사용된다. '교육의 실존'을 정의해보고 무언가의 실존을 정의하는 방법론에 대해 설명해보시오.

오리엔탈리즘
Orientalism

유럽 중심적 시각으로 바라본 동양에 대한 인식

• • •

#에드워드사이드 #옥시덴탈리즘 #제국주의

 3분 개요

유럽인들이 오리엔트 사회, 특히 이슬람 세계를 바라보는 시각과 인식을 지칭하는 말이다. '신비의 오리엔트'라는 식으로 포장하고 있으나 여기에는 '계몽된 서구'라는 유럽인들의 자기우월적 의식이 기저에 깔려 있다. 현재 이슬람 세계에 국한되지 않고 비서구 사회 전반을 대하는 관점으로 사용되고 있다.

 심화 학습

오리엔탈리즘이라는 개념이 문헌에 처음 등장한 것은 1838년 발간된 《프랑스 학술원 사전》에서다. 기본적으로 유럽에서 18세기 후반부터 본격적으로 발전되기 시작한 동양에 대한 연구과정에서 사용하던 용어였다.

등장 당시에는 단순히 유럽에서 과거부터 이어져온 전통적인 동양에 대한 흥미와 연구를 지칭하는 용어였다. 이슬람 세계에 대한 부정적인 판단으로 일관하는 것도 아니었으며, 심지어 많은 서구 학자들은 자국의 제국주의 정책에 대해 비판적인 모습을 보이기도 했다.

그러나 1978년 팔레스타인계 미국인 에드워드 사이드Edward W. Said, 1935~2003가 "오리엔탈리즘이 이슬람 세계를 대하는 태도에 자기 우월적 의식의 전통을 만들어냈으며, 이런 전통이 근대 서구의 정치적 및 지적 문화의 중요한 일부를 이루고 있다"고 주장하면서 비판적이고 부정적인 성격을 갖게 되었다.

▲ 에드워드 사이드의 책 《오리엔탈리즘》의 표지에 사용된 〈뱀 부리는 사람〉, 장 레옹 제롬의 그림

이로써 오리엔탈리즘을 서양의 문화적 자기중심주의, 인종적 우월감, 제국주의 지배와 연관된 동양에 대한 광범한 지배욕구로 이해하는 비판적 인식이 공론화되었다.

사이드의 문제제기와 함께 한층 더 강조된 것이 있다. 바로 오리엔탈리즘이라 표현되는 이런 서구인들의 인식에는 일방적인 권력의지가 작용하고 있다는 것이었다. 그의 주장에 의하면 이러한 헤게모니 의식은 단지 제국주의 정치가의 전유물이 아니라 학문을 비롯하여 문학·예술·저널리즘 등 광범위한 차원에서 생산·재조합되었다.

그리고 그들에 의해 형성된 오리엔트에 대한 이미지는 비정상·열등·수동성·여성성·비합리·후진·야만·피지배라는 관념과 연결되었다. 이는 서구인들이 세계를 이해하고 경우에 따라서는 지배하고 조종하며 통합하고자 하는 일정한 의지나 목적의식으로 이어졌다.

결국 오리엔탈리즘이라는 용어가 가지는 문제의식은 서구인들의 비서구사회의 역사적 인식에 대한 단순한 비판이라는 차원을 넘어 진정한 탈식민의 가능성에 대한 모색과 서구 중심의 세계인식을 극복한 세계사의 정립이라는 문제로 이어지면서 그 중요성이 더해지고 있다.

Size Up ## 지식 확장

반면 동양에 의해 구성되고 오해되며 날조된 서양에 대한 인식, 서양을 정형화·범주화하고 서양 대 비서양이라는 이분법적 인식 갖는 것은 옥시덴탈리즘Occidentalism이라고 한다. 그러나 우월적 위치에서 내려다보는 식의 오리엔탈리즘과는 달리 옥시덴탈리즘은 전적으로 서양을 '악'으로 규정하는 인식과 서양을 '선망의 대상'으로 규정하는 인식으로 양분된다.

특히 문화적으로 서양에 적대적인 인식을 가진 부류의 사람들은 동양문화를 인간적 · 고상함 · 정신적인 것으로 규정하고, '현대사회의 모든 문제가 서양문화에서 기인했으며 그 대안은 동양문화뿐'이라는 이분법을 통해 서양에 대한 왜곡된 이미지 · 편견을 형성시킨다.

문제는 다름을 인정하지 않고 배척하는 이러한 사고방식이 개인의 사고를 넘어서 사회적 · 국가적으로 확장되고 나아가 정치권력의 도구로 전락하면 위험해진다는 점이다. 정치권력이 유일해질 때 독재가 등장하는데, 독재가 동양을 또는 서양을 증오하게 되면 오리엔탈리즘이나 옥시덴탈리즘은 치명적인 사상이 된다.

한 예로, 자신들을 반쯤은 유럽인이라고 주장하는 과거 일본군부가 서양을 추종하고 동양을 얕잡아보았던 것, 식민의 대상으로 삼았던 것, 그리고 지금껏 자신들의 식민지배가 뒤처졌던 동북아를 근대화시켰다고 주장하는 것 모두 비뚤어진 오리엔탈리즘의 결과였다.

실전 응용 Delivery

오리엔탈리즘이 서구의 제국주의적 인식에 끼친 영향을 설명하고, 현재 난민에 대한 유럽인들의 인식을 통해 이른바 '서구정신'을 비판하라.

관념론
Idealism

경험을 해석할 때 관념적 · 정신적인 것이 중심역할을 한다는 견해

• • •

#이상주의 #선험 #신플라톤주의 #칸트

 3분 개요

'Idealism'은 국제관계학에서는 '이상주의理想主義'라고 번역한다. 국가들이 국제법과 윤리를 준수하여 제도적인 평화를 구축할 수 있다는 학설로 현실주의 이론에 대치되는 입장이라 할 수 있다. 반면 철학에서 Idealism은 관념론으로 번역되는데, 국제관계학의 Idealism과는 '정신적인 면에 치중한다'는 점에서만 유사성을 보인다.

철학에서의 Idealism, 관념론은 사물 또는 우리가 알 수 있는 모든 대상은 근본적으로 정신적으로 구성되었거나 정신으로부터 독립되어 인식될 수 없다고 보는 것이다. 정신의 작용 이전의 사물들은 '임시적인 실제성'만을 가졌다고 본다.

'경험의 세계가 정신에 기초한다'는 관념론은 인도의 힌두 관념론자와 고대그리스의 신플라톤주의자에 의해 등장했다. 이때의 관념론은 '의식이 모든 것의 토대'다. 우주에는 오로지 한 가지의 실체만이 있다고 주장하기 때문에 일원론적이기도 했다. 기독교철학자들 역시 진정하게 존재하는 모든 것은 신이자 신의 생각이며, 인간의 감각에 나타나는 세계는 정신적 실체의 왜곡이며, 이러한 왜곡은 생각의 재설정을 통해 교정되어야 할 대상으로 가르쳤다.

그러나 기원후 4세기경 인도에서 발생한 대승불교 교파인 유가행파가 정신만을 인정하는 관념론의 근거를 대부분 인간의 경험에 대한 현상학적 분석에 기반을 두면서 신학을 벗어난 주관적 관념론으로 전환되기에 이른다.

기독교가 중심이었던 중세 서양에서의 관념론은, 절대정신의 주체를 인간이 아닌 신으로 봤다. 그러나 르네상스와 근대를 거치면서 인간성이 회복됨에 따라 철학에서 인간이 주체로 나서게 되었고, 그 결과

관념론에서도 인간을 인식의 주체로 삼게 되었다. 그리고 근대의 관념론은 크게 네 가지 방향으로 발전해나갔다. 주관적 관념론, 객관적 관념론, 비판적 관념론, 절대적 관념론이 그것이다.

먼저 현대적 의미의 주관적 관념론은 성공회 주교이자 아일랜드의 철학자였던 조지 버클리George Berkeley, 1685~1753에서부터라고 할 수 있다. 그는 인간은 물질적 사물을 경험하지만, 그 사물은 지각하는 정신과 독립하여 존재하지 않으므로 물질적 사물은 단지 지각에 불과하다고 주장했다. 또한 외부세계의 실재성은 인식 주관의 의식작용에 의존한다고 밝혔다.

외부세계의 실재는 그것을 파악하는 사람에 달려 있다는 것으로서 인간의 의식이 모든 것의 출발점이라는 것이다. 이는 '정신과 영혼에 의한 인식과 관념 외에는 아무것도 존재하지 않는다'는 가설을 바탕으로 하고 있다.

반면 객관적 관념론은 우리를 둘러싼 세계의 본질을 정신적인 것으로 파악하되, 주관적 의식과는 독립한다고 주장한다. 이는 객관적 정신에 바탕을 둔 세계관을 말한다고 할 수 있는데, 객관적으로 존재하는 정신이란 주관으로서의 정신을 초월한, 신이나 절대정신과 같은 것을 말한다. 이를 주창한 철학자는 프리드리히 빌헬름 요제프 셸링Friedrich Schelling, 1775~1854이다.

한편 셸링과 동시대를 살았던 칸트는 《순수이성비판》에서 사유

의 형식과 이를 움직이게 하는 이성을 근본이라 하는 선
험적^{초월론적} 관념론을 주장했다.

칸트는 감각적 경험에 앞서 모든 대상을 아우르
는 '선험^{a priori, 先驗}'이 있다고 봤으며, 우리의 경험은
이러한 선험과 직관의 대상이 관계를 맺는 작용에
불과하다고 보았다. 경험을 위해서는 '선험'이라는
틀이 있어야 하며, 오직 이 틀 속에서만 초월적 인식
을 통해 대상의 진리를 파악할 수 있다고 본 것이다.

▲ 이마누엘 칸트
(1724~1804)

마지막으로 헤겔은 절대적 관념론을 주장했다. 그는
주관적 관념론이나 비판적 관념론이 역사에 대한 궁
극적이고 변증법적인 철학의 비판에서 기반하지 않
았다는 점에서 자신의 학설을 출발시켰다.

헤겔에게 유한한 세계는 정신의 반영이며 정신만
이 참된 실재임을 뜻하는 것이었다. 생성하고 소멸
하는 제약된 존재는 무한하고 제약 없는 존재의 전
제 아래 있으며, 이 무한하고 제약 없는 존재 내부

▲ 게오르크 빌헬름 프리드리히
헤겔(1770~1831)

에서 각 유한자는 종속적인 구성요소라고 주장했다.

헤겔은 무엇보다 역사적 인식과 인류 차원에서 진보를 설명하는
것을 중요하게 여겼다. 그는 역사의 흐름을 '절대이성^{인류 이성}'의 변
증법적 발전이라고 보았으며, 이런 과정을 통해 뒤에 나온 철학이
이전의 철학을 대체하고 마침내는 모든 사물과 관계를 맺으면서
도 자기완결적인 절대이념에 도달한다고 주장했다.

서양 역사와 철학의 출발점이라 할 수 있는 고대그리스에서 시작되어 서양철학의 주류로서 큰 맥을 이어온 관념론이지만 그 명성에 못지않게 다양한 형태로 비판을 받았다.

대표적으로 영국 철학자 버트런드 러셀Bertrand Russell, 1872~1970은 '존재한다는 것은 지각된다는 것이다'라는 명제에 대해 지각작용 자체와 이 작용의 대상인 감각자료를 구분하지 못했다고 비판했다. 한편 언어철학자들은 관념론에서 거론되는 중요한 용어들이 의미가 모호해서 분명하게 규정하는 것이 불가능하다고 비판했다.

특히 헤겔의 변증법적 관점을 이어받아 관념론에 대항하는 변증법적 유물론을 발전시킨 카를 마르크스Karl Marx, 1818~1883는 관념론의 대척점에 서서 관념론의 비과학성과 비실천성을 비판했다.

그러나 관념론자들은 비판에 자세히 대답하지 않는다. 대신 오히려 적절한 대안으로 비판에 대응하려고 노력했다. 그러나 적절한 대안을 구체적으로 제시하지는 못한 채 과거와 같은 조명 없이 현대의 실용주의 등에 밀려 근근이 명맥을 잇고 있다.

실전 응용 Delivery

자본주의의 전반적 위기를 설명하고 이에 대한 관념론의 한계를 논하라.

유물론
Materialism

만물의 근원을 물질로 보는 이론

● ● ●

#데모크리토스 #에피쿠로스 #마르크스 #엥겔스 #변증법

 3분 개요

세계의 근본이 되는 실재는 정신이나 관념이 아니라 의식이 외부에, 그것과는 독립하여 존재하는 물질이나 자연이라고 주장하는 이론이다. 정신은 고도로 조직된 특정의 물질, 곧 두뇌의 반영에 지나지 않는다고 주장한다. 관념론에 대립되는 이론으로 고대그리스의 데모크리토스Democritus, BC.460?~BC.370?에서 17~18세기의 기계적 유물론을 거쳐 카를 마르크스에 이르렀다.

 심화 학습

유물론의 기원은 고대그리스의 기계적 자연철학 '원자론原子論'으로 거슬러 올라간다. 초기 그리스 자연철학자들은 자연세계의 근원을 이루는 원리를 자연 속에서 찾아 그것을 물, 공기, 불과 같은 물질적인 것이라고 주장했다. 그리고 이러한 물질은 자체로 생명을 가지고 있으며 물질 자체가 스스로 운동을 하는데, 이러한 물질의 분열·충돌에 의해 모든 자연현상이 생긴다고 주장했다.

다만, 이때까지는 물질적인 것과 정신적인 것을 명확하게 구별하지 못했고, 기원전 4~3세기 소크라테스Socrates, BC.469?~BC.399와 플라톤Plato, BC.428?~BC.347에 의해 철학적 관념론이 형성되고부터 자연과 정신의 경계가 명확히 구분되었다.

이러한 자연에 대한 기계적 인식은 에피쿠로스Epicurus, BC.341~BC.270와 로마시대의 루크레티우스Lucretius, BC.94?~BC.55?로 계승되었지만 중세로 넘어가자 기독교적 관념론에 밀려 자취를 감췄다. 이후 17세기 근대에 이르러 자연과학 발달과 르네상스의 휴머니즘 연구를 배경으로 에피쿠로스의 원자론이 다시 조명되었다.

그런데 원자론적 자연해석과 기존 기독교적 스콜라철학의 조화가 이뤄지자, 유물론의 원형이라 할 수 있는 독특한 체계가 만들어졌다. 대표적인 철학자는 영국의 토머스 홉스Thomas Hobbes, 1588~1679다. 그는 '이 세계에 실재하는 것은 물체뿐이며, 모든 현상은 바로 물체의 필연적이며 기계적인 운동'이라고 주장했다. 또한 철학이 하는 일은 이 물체의 운동에 대해 고찰하고 그 결과로부터 원인을 밝혀내는 것이라고 하여 신학으로부터 철학을 분명하게 분리했다.

기계적 유물론은 프랑스를 교두보로 대륙에 진출했다. 《인간기

계론》의 라 메트리La mettrie, 1709~1751는 정신현상도 물체의 성질에 의존되어 있다고 주장했고, 인간을 동물보다 많은 톱니바퀴를 사용한 기계일 뿐이라고 비유했다. 또《자연의 체계》의 올바크Baron d'Holbach, 1723~1789는 세상에는 물질과 물질의 운동 외에 다른 아무것도 존재하지 않는다고 주장하고, 이 운동은 기계적 법칙에 지배되고 있으며 '내재성과 목적성'이란 우리가 자연 속에 써넣는 개념에 불과하다고 했다. 이는 필연적으로 무신론의 기초를 닦았고 종교를 격렬하게 공격했다. 이들의 유물론은 후에 '기계적 유물론'이라고 불렸다.

한편 독일에서는 관념론의 완성자인 헤겔의 사후 헤겔 철학을 근본적으로 비판하고 유물론의 입장을 구축해가는 루트비히 포이어바흐Ludwig Feuerbach, 1804~1872와 같은 '청년 헤겔파'가 나타났다.

독일의 청년 헤겔파와 프랑스의 유물론자들은 자연을 유물론적으로 인식하는 데까지 도달하였으나, 사회의 현실과 현실을 감수하는 감성이 단지 객체로서 관찰되는 데 그쳤고, 물질 아래 놓인 인간의 감성이 현실에서 주체적으로 활동하고 역사를 만들고 있다는 사실은 포착하지 못하는 한계를 보였다.

이후 포이어바흐의 유물론을 계승하면서 그 결함을 극복하고 감성적인 인간의 활동의 이론에 기초를 두는 유물론을 구축한 철학자는 카를 마르크스와 프리드리히 엥겔스Friedrich Engels, 1820~1895다. 오늘날 말하는 유물론이 드디어 탄생한 것으로서 이를 '변증법적 유물론'이라고 한다. 변증법적 유물론의 학술적 기조는 다음과 같다.

- 역사의 기초는 물질적 생활의 여러 수단을 생산하는 데 있다.
- 생산과정에서 필요에 따라 여러 가지 사회적 관계가 만들어지고 새로운 욕구가 생긴다.
- 영위하는 물질적 생활에 따라 인간이 여러 가지 관념 및 표상, 의식을 만들어낸다.
- 이때 산출되는 새로운 의식들은 처음에는 물질적 생산물에 반영된다.
- 물질적 생산물에 반영된 의식은 점차 정신적 생산물로 전이되어 새로운 법·도덕·정치가 정립된다.

즉, 인간의 표상表象작용과 사고와 정신적 교통은 그들의 물질적 활동과 결부되어 있으며, 의식이 생활을 규정하는 것이 아니라 생활이 의식을 규정한다고 주장한 것이다. 하지만 이들은 물질의 존재론적 우선성은 인정하면서도 물질이 부동의 존재가 아닌 끊임없이 운동하고 변화하는 대상으로 보았다. 그리고 총체적인 변화의 과정을 '정·반·합'의 세계를 내포하는 변증법적 운동법칙이라고 규정했다.

마르크스·엥겔스는 더 나아가 변증법적 유물론의 일반원칙을 사회구조와 그 변동에 적용함으로써 역사적 유물론을 등장시켰다. 먼저 사회구성체를 경제영역하부구조과 비경제영역상부구조으로 나눈 다음 경제적 토대가 본질적인 것이고 이것이 모든 비경제적 상부구조를 결정한다고 보았다. 그리고 역사는 원시공산주의, 고대

노예제, 중세봉건제, 근대자본주의를 거쳐 궁극적으로 인간사회가 공산주의에 이르게 된다고 주장했다.

특히 생산수단과 생산량을 역사의 해석에서 가장 중요한 요소로 보았다. 생산수단을 소유한 자와 소유하지 못한 차이로 인해 계급이 발생하고, 역사는 이 두 계급의 투쟁이었다고 정의했다. 역사는 끊임없는 갈등이라는 명제로 바라본 것이다.

이들 주장을 요약하면 다음과 같다.

• 자본주의와 사유재산제도는 역사 속에서 과거 어느 시기에 성립되어 변화하고 발전되어온 인조물이다. 그렇기에 언젠가는 소멸하게 될 개념이다.
• 계급과 빈부 차별이 없었던 원시공동체에서 계급사회인 고대노예제로 나아간 원인은 사유재산제도의 성립에 있다.
• 프롤레타리아의 힘에 의해 자본주의와 사유재산제도가 소멸되고 본래의 원시공동체와 같은 사회주의사회로 전환된다.

이처럼 마르크스 · 엥겔스는 조직된 프롤레타리아 및 그 전위인

정당의 힘에 의해 새로운 사회가 출현할 것을 예언했다. 마르크스 · 엥겔스에 의하면 역사를 발전시키는 원동력은 인간의 의식이나 관념이 아니라 물질적 생산양식이었다. 그리고 기존의 생산관계가 생산력 발전을 저해하는 상황이 될 때 새로운 생산관계에 돌입하고 사회변혁의 전기가 도래한다고 설명했다.

 지식 확장

마르크스 · 엥겔스는 인간이 생존을 위해 물리적 환경으로부터 생계수단을 생산하며, 생산이란 착취와 소외를 수반하는 위계적 계층구조인 분업에 기초하여 이뤄지는 것이라고 보았다. 그리하여 이념과 가치는 이 분업에서 나온다고 주장했다.

이때의 계급은 생산수단을 소유한 자본가와 노동력을 착취당하는 프롤레타리아였으며, 노동자가 생산한 잉여가치^{착취의 정도}를 자본가가 독점함에 따라 프롤레타리아 계급은 더 빈곤해지지만 혁명적 계급의식은 높아진다고 믿었다. 그리고 마침내 프롤레타리아가 혼돈상태의 자본주의체제를 전복하고, 자본가들이 소유한 생산수단을 사회적으로 공유함으로써 궁극적으로 착취와 계급이 없는 인간적이고 협동적인 체제로 대체시킨다고 믿었다.

요점은 자본주의는 하나의 생산양식으로서 '초역사적'이 아니라 '역사적'인 존재이며, 언젠가는 필연적으로 사멸하고 보다 진보적인 생산양식으로 대체된다는 것이다. 그리고 물질적 생산물의 생산양식이 교체되는 것과 연동되어 국가 · 법률 · 이데올로기 같은 정신적 생산물인 상부구조도 조응하는 내용과 형태로 바뀌게 된다는 것이다.

이러한 마르크스 · 엥겔스의 유물론은 20세기에 들어 정치 · 혁명세력에 포용되어 정치세력으로서의 공산주의를 탄생시켰다. 그런데 혁명에 의해 공산주의를 택한 국가는 애초의 주장처럼 자본주의가 극대화된 영국 같은 곳이 아니라 후진적 · 전근재적 제정국가였던 러시아였다.

하지만 러시아를 필두로 일어난 프롤레타리아에 의한 혁명은 공동체로의 회귀가 아니라 프롤레타리아정권이라는 권력집단에 의한 새로운 형태의 계급사회로 나아갔다. 결국 평등한 세상으로 발전해나갈 것이라는 믿음과는 달리 경제적 타격을 입기 시작하면서 다시금 자본주의 시장경제를 도입하기에 이르렀다.

현대 사회에서 사회주의의 실패는 비록 상부구조의 변화가 선행할 수는 있지만, 결국 하부구조 변혁에 성공하지 못한다면 지속될 수는 없다는 사례가 되었다.

실전 응용 Delivery

제정러시아의 프롤레타리아혁명이 변증법적 유물론의 주장과 달리 비계급적 사회로의 발전을 이루지 못한 채 실패한 이유는 무엇인지 설명하시오.

계몽주의
Enlightenment

이성의 힘으로 우주를 이해하고 상황을 개선할 수 있다는 사상

• • •

#전근대 #스피노자 #계약론 #행복론

 3분 개요

17세기 후반 프랑스에서 시작되어 18세기 후반까지 유럽 전역에
영향을 미친 사상으로 중세적인 전근대성을 어둠으로 규정하고
이를 깨우쳐 나갈 수 있다고 주장했다. 중세의 어둠이란 봉건적·
종교적인 권위·특권·부정·압제·인습·구태전통·편견·미신
등을 꼽을 수 있다.

사상적 기반은 17세기의 합리주의와 존 로크John Locke, 1632~1704의
정치사상 및 자연법, 그리고 아이작 뉴턴Isaac Newton, 1643~1727의 기계
론적 우주관이다. 그 외 계몽주의 철학자는 바뤼흐 스피노자, 피
에르 벨 등이 있다. 이들의 사상과 저작물은 18세기 말 미국의 독
립전쟁과 프랑스대혁명 등 정치적 사건에 큰 영향을 미쳤다.

계몽이 '지식수준이 낮거나 의식이 덜 깬 사람들을 깨우친다'는 의미이듯 계몽주의자들은 철학자보다는 주로 진보적 지식인이라 자처했던 문인, 자유기고가, 저널리스트였다. 이들은 보급자 또는 평론가들로서 일반인들이 접할 수 없었던 저작들을 대중이 잘 이해할 수 있도록 풀어 설명하는 데 주력했다. 주로 사회악을 비판하고 개혁을 주장하는 하나의 흐름을 이어갔다.

14세기에 시작된 르네상스는 고전문화의 가치를 재발견하고 그 과정에서 인간을 창조적 존재로 이해하는 인식이 부활한 인간중심주의 운동이었다. 때문에 중세 그리스도교의 신 중심적 지적·정치적 체계를 무너뜨리는 데 큰 영향을 끼쳤다. 이런 르네상스의 정신은 근대에 와서 프랜시스 베이컨의 경험적 과학과 르네 데카르트, 뉴턴의 수학적 엄정성으로 이어졌다. 특히 뉴턴은 행성의 운동법칙을 몇 가지 수학공식으로 정리함으로써 그리스도교의 중심사상인 신격, 신과 개인의 구원이라는 개념에 충격적인 영향을 끼쳤다. 이러한 흐름은 정치·사회·국가에도 전방위적인 비판으로 이어졌다.

먼저 정치적 어둠에 대한 대안으로는 계약론契約論이 주장되었다. 이는 존 로크를 비롯한 경험론자들의 주장이었다. 이들은 원죄를 부정하고 인간은 태어날 때 백지상태이기 때문에 개인의 경험에 따라 인격이 채워지고, 국가 역시 신에 의해 창조된 신국神國의 축소판이 아니라 각자의 이익을 주장하는 사람들 사이에 맺은 계약 관계라고 주장했다.

따라서 기본적인 권리가 침해당했을 때, 즉 계약관계가 위반되었을 때에는 비판하고 저항할 권리가 있다고 주장했다. 그리고 저항의 대상은 왕권 · 제도 · 계급 · 불평등 등 기존 사회를 떠받치던 것이라고 했다.

종교에 있어서는 이성의 입장에서 신과 자연시학을 구분하는 이신론, 신은 없다고 주장하는 무신론까지 등장 시키면서 교회권력으로부터의 해방을 갈구했다. 이는 이전 사회에서는 종교적 · 도덕적으로 금지되던 것이었다.

도덕에 관해서는 순수한 이성에 따르는 것을 선善이라고 보는 이성주의와 인간적인 행복을 제1의 가치로 하는 행복론이 주장되었다. 그래서 개인의 행복이라는 차원에서 누구나 노동에 통해 자기의 재산을 형성할 수 있다고 했다.

계몽사상 발흥의 배경에는 급속도로 발전해온 자본주의 및 부르주아 시민의식과 과학기술의 진보가 있었다. 이러한 진보가 하층으로부터 상층으로의 상승을 가능케 했기 때문이다.

반면 근대화에서 뒤떨어져 하층에서의 상승이 결여되어 있던 독일이나 제정러시아의 경우 계몽사상은 한낱 머릿속에서만의 사상일 수밖에 없었다. 그래서 독일은 프로이센의 프리드리히 2세처럼 계몽된 전제군주에 의한 '위에서부터의 개혁'을 꾀했다.

계몽주의자들은 모두 독단적이고 권위주의적인 국가를 비판하면서 자연권에 기초를 두고 정치적 민주주의 기능을 하는 좀 더 높은 형태의 사회조직이라는 국가의 청사진을 그렸다. 하지만 현실과 이상은 달랐고, 수백년간의 시행착오를 겪어야 했다. 그럼에도 계몽주의는 일반민중의 저항정신을 각성시키는 데는 성공했다. 영국에서는 개혁의, 프랑스와 미국에서는 혁명의 원동력으로 작용한 것이다. 계몽주의가 비판을 넘어 개혁과 혁명을 지향하게 된 것이다.

그러나 프랑스대혁명을 뒤이은 **공포정치시대***를 겪으면서 사람들은 인간의 이성에 심각한 의문을 갖게 되었다. 이성을 지나치게 강조한 사회가 낳은 정부는 점차 잔혹하고 비인간적인 면모를 드러내기 시작했다. 이에 문제의식을 느낀 민중은 이성에 반대되는 가치를 찾기 시작했다. 이러한 사회분위기는 흥분과 일시의 감동을 낳는 낭만주의로의 전환을 야기했다.

프랑스 공포정치시대

공포정치시대는 프랑스대혁명 이후 로베스피에르를 수령으로 하는 자코뱅파가 정권을 잡은 시기다. 급진적 사회혁명

▲ 로베스피에르

을 추진한 자코뱅파는 공안위원회를 중심으로 혁명정부를 구성하고 공포정치를 시행했다. 징병제, 남녀평등, 토지무상제공 등의 개혁을 추진했으나 왕당파 등 반대파를 6주 사이에 1,376명이나 처형했다.

계몽사상가들의 주장은 정치·경제·사회·종교·사상 등에 깊이 박혀 있던 전근대적인 어둠에 '이성의 빛'을 비추었을 뿐만 아니라 18세기 유럽의 군주들, 특히 러시아 예카테리나 여제, 오스트리아의 요제프 5세, 프로이센의 프리드리히 2세 등 계몽전제군주들에게 온건한 개혁수단의 근거로 수용되었다.

▲ 예카테리나 여제
(재위 1762~1796)

▲ 프리드리히 2세
(재위 1740~1786)

또한 계몽사상가들은 전근대에 대한 저항으로써 혁명을 주장하지는 않았으나, 일반민중은 혁명의 합리화를 계몽사상에서 찾았다. 그 결과는 프랑스대혁명과 미국의 독립전쟁에 커다란 영향력을 미쳤다.

그러나 이성에 입각한 모든 사람의 자유나 평등이나 인격 존중
이나 사회권 보장 등은 실질적으로는 발흥하는 부르주아 시민계
급을 위한 것이었다. 결코 계몽의 대상이 그동안 착취의 대상이었
던 일반 시민이나 소작농, 또는 그마저도 잃어버리고 도시로 유입
된 빈민은 아니었다. 여기에 계몽사상의 한계가 있다.

결과적으로 계몽사상은 후에 자본주의의 모순이 나타남과 동시
에 더불어 위안과 구원을 찾는 사람들을 만족시키지 못했다. 또한
추상적인 이성을 너무 강조함에 따라 오히려 사람들로 하여금 자
유로움을 찾게 하는 계기로 작용했다.

실전 응용 Delivery

일제강점기 우리 지식인들이 주도했던 계몽사상의 철학적 기반을 설명하고, 우리
의 계몽사상의 의의와 실패 요인을 분석하라.

연표로 보는 철학의 역사

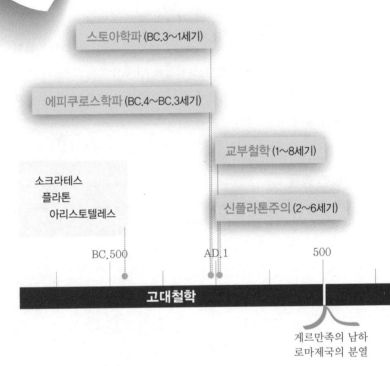

스토아학파 (BC.3~1세기)

에피쿠로스학파 (BC.4~BC.3세기)

교부철학 (1~8세기)

소크라테스
플라톤
아리스토텔레스

신플라톤주의 (2~6세기)

BC.500   AD.1   500

고대철학

게르만족의 남하
로마제국의 분열

싯달타	묵 자	
공 자	맹 자	
노 자	순 자	
손 자	한비자	

원효대사
의상대사

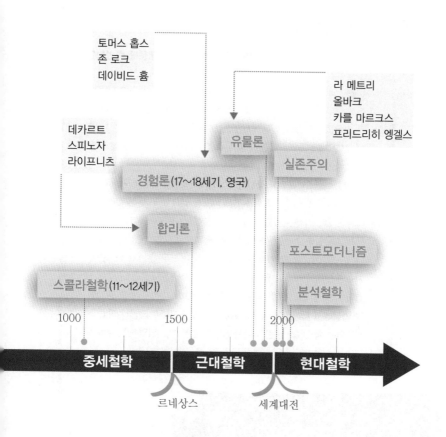

토머스 홉스
존 로크
데이비드 흄

라 메트리
올바크
카를 마르크스
프리드리히 엥겔스

데카르트
스피노자
라이프니츠

유물론

실존주의

경험론(17~18세기, 영국)

합리론

포스트모더니즘

분석철학

스콜라철학(11~12세기)

1000   1500   2000

중세철학   **근대철학**   **현대철학**

르네상스   세계대전

주 희   이 황   정약용
지 눌   이 이   김정희

쉬어갈래요?

프랑스 혁명영웅은 폭우 때문에 죽었다?

1789년의 프랑스대혁명 이후 파리는 물론 전국 대부분 지역 혁명광장에 단두대가 설치되었고, 그곳에서 루이 16세를 비롯한 무수한 사람이 목숨을 잃었다. 리용에서만 2,000명 이상, 낭트에서는 수천 명이, 서부 방데에서는 20만여 명이 죽임을 당했다. 이러한 살상의 중심에는 혁명영웅 로베스피에르가 있었다.

그런데 로베스피에르가 국민공회(의회)에 대한 살생부를 만들자 이에 위기감을 느낀 국민공회는 그의 체포를 결의했다. 물론 로베스피에르에게도 기회는 있었다. 광장에 운집한 시민들에게 국민공회의 문제점을 알리고 국민공회의에 대한 공격을 촉구할 수 있었던 것이다. 그러나 갑작스레 폭우가 쏟아져 군중이 모두 흩어져 버리면서 기회가 날아가 버리고 말았다.

결국 1794년 7월 28일, 체포된 다음 날 로베스피에르와 그 동료들은 법정에서 자신들이 정적들에게 했던 방식 그대로 되돌려 받았다. 체포되는 과정에서 총탄이 턱뼈에 박혀 말할 수는 없었지만, 로베스피에르는 어쩌면 속으로 이런 말을 되뇌지 않았을까?

"비만 오지 않았다면….'

1794년 7월 27일 로베스피에르의 체포장면을 묘사한 레이몽 몽브와쟁의 〈테르미도르 9일〉(1840)

세계4대문명
Four Civilizations of the World

계급과 도시국가를 특징으로 하는 인류 최초의 4개 문명

● ● ●

#청동기 #비옥한초승달지대 #고대문자

 3분 개요

약 6,000년 전에서 4,000년 전 정도에 등장한 인류 최초의 문명들로 이런 문명이 출현을 기점으로 그 이전을 선사시대, 이후를 역사시대라고 구분한다. 가장 처음 문명으로 인정된 것은 이집트의 나일문명이었고, 이후에 메소포타미아·인더스·황허문명이 차례로 추가되었다.

하지만 이들을 4대문명이라고 표현하는 것은 동북아 국가의 역사학계로 한정된다. 서양에서는 우리가 4대문명이라 하는 곳들을 '문명의 요람Cradle of Civilization'이라는 용어로 대체해 표현하고, '문명의 발상지' 자체도 네 곳에 한정하지 않고 유럽 본토의 청동기문명과 고대 페루문명안데스문명까지 포함한다.

북유럽청동기문명

에게문명

메소포타미아문명

이집트문명

인더스문명

황허문명

마야문명

안데스문명

심화 학습

인류문명은 역사학자들에 따라 출발의 기준에 대한 이견이 크다. 그 기준은 크게 청동기 유물이 등장하는 때, 혹은 문자를 갖춘 때, 도시국가나 국가의 형태를 갖춘 때로 나뉜다. 그러나 대체적으로 도시국가의 형태를 띠기 시작해 사회적으로 계급이 나뉜 것이 분명히 보이는 시점을 그 출발점으로 보고 있다.

기원전 3500년경부터 시작된 메소포타미아문명은 인류 역사상 가장 오래된 문명이다. 기원전 7000년경에 문명을 이루기 시작해 수메르의 세습왕조와 함께 10여 개의 도시국가로 발전했고, 기원전 2500년경에 수메르문명이 세운 아카드왕국이 지역을 점령하고 통일왕국을 이루면서 전성기를 이뤘다.

티그리스강과 유프라테스강 사이 충적토로 비옥해진 땅을 경작하면서 농업용수와 식수 확보를 위해 운하, 제방, 저수지를 건설했다. 이외에도 천문학, 달력, 문자, 기호, 도시건설기술 기술을 보유하고 있었다. 문자로는 쐐기문자를 사용했다.

▲ 메소포타미아문명의 왕조

기원전 3200년경 시작된 나일문명은 나일강 중심의 비옥한 토지를 토대로 번영한 문명으로 폐쇄적인 지리 조건 덕분에 3,000년 동안이나 통일왕국을 유지했다. 태양신 '라'를 주신으로 섬기는 다신교를 믿었고, 절대적 권력을 가진 왕^{파라오}을 위해 피라미드와 스핑크스 등을 건설했다. 농업을 위해 천문학, 농업기술, 측량술, 수학이 발전했으며 상형문자를 사용했다. 오늘날의 10진법을 처음 사용한 문명이기도 하다.

기원전 1500년 이후 전성기를 누렸으나 기원전 330년경 알렉산드로스에 의한 프톨레마이오스왕조로 명맥을 잇다가 클레오파트라와 안토니우스의 연합함대가 로마의 옥타비아누스에게 패배한 이후 로마의 속주로 전락했다.

▲ 이집트문명의 왕조

▲ 인더스 문명의 모헨조다로 유적

기원전 2500년경 시작된 인더스문명은 현대의 인도 북부 위치에서 발원하여 파키스탄을 거쳐 인도양으로 흘러들어가는 인더스강 유역을 기반으로 삼은, 드라비다^{Dravida} 종족에 의해 발달한 문명이다. 바둑판 모양의 깔끔한 건물 배치와 수로의 흔적으로 상·하수도 시설을 갖추고 있었으며, 대중목욕탕 등의 공공시설과 관련된 유적들이 남아 있다. 상형문자를 사용했는데, 현재까지 해독이 되지 않아 자세한 역사를 알 수 없다.

기원전 2000년부터 약 500년 동안 이주해 온 아리아인들이 정착하면서 그들의 세에 밀려 소멸한 것으로 추정된다. 오늘날 파키스탄 하라파와 모헨조다로에 대규모 유적이 남아 있다.

기원전 2000년경 시작된 황허문명은 중국 황허강 중하류 지역에서 발생한 농경문화 중심의 문명으로 구석기시대의 유적부터 발견되나 청동기는 기원전 2000년경부터 시작되었다.

이때 하^夏라는 최초의 왕조가 있다고 전해지지만 역사적 문헌과 유적을 토대로 중국 최초의 국가는 기원전 1500년경 상^商왕조가 세운 은^殷나라로 본다. 은나라는 수도에 궁전과 많은 분묘를 건설했으며, 거북의 등이나 짐승의 뼈에 문자를 새긴 갑골문자를 사용했다. 특히 청동문화가 발달해서 정교한 무기와 다양한 제기가 생산되었다. 그러나 농기구 등 일반생활용품은 여전히 돌이나 나무, 토기를 사용했다. 다른 인류문명이 어느 순간 사라진 것과 달리 황허문명은 왕조를 달리하며 역사를 이어갔다.

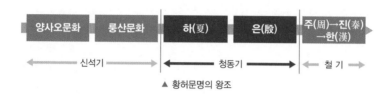

▲ 황허문명의 왕조

 지식 확장

인류문명은 주로 큰 강 유역의 비옥한 지역에서 발생했다는 특징을 가지고 있다. 이들 지역은 비교적 온난한 기후로서 사람이 살기에 적합한 곳이었다. 물이 풍부하고 땅이 비옥하며 기후가 온난한, 바로 농경에 유리한 지역이었던 것이다.

여기에 또 한 가지 공통적으로 작용했다고 여겨지는 요인이 있다. 기원전 3000년을 전후로 지구의 기온이 내려갔다는 것이다. 기온이 내려가면 바다에서의 증발량이 줄어들고, 강수량이 줄어든다. 건기가 길어지면서 당시 넓게 퍼져 살던 사람들이 물을 찾아 양 떼나 소 떼를 몰고 4대강 유역으로, 특히 소금을 구하기 쉬운 하류로 이동해온 것이다.

이때 세력을 형성한 세력들이 이주민들을 노예로 삼아 집약적인 농업과 대규모 건축 공사에 이용했다. 체계적으로 물을 관리하기 위해 도시에는 촘촘한 배수로가 깔렸다. 여기에 청동으로 만들어진 무기를 가진 세력이 주변 도시국가를 정복하면서 국가로 발전하게 되었으며, 지배를 보다 효율적으로 하고 교역의 편리를 위해 문자와 화폐가 사용되었다.

결국 인류문명의 등장은 정착생활과 농경의 바탕 위에서 고도로 발달한 사회적 위계와 정치 · 군사 · 종교 조직을 갖춘 국가조직의 등장을 의미한다. 이는 다시 말하면 위계적인 계급구조와 복잡한 사회조직 속에서 부와 권력이 일부에 의해 독점되었다는 것, 독점된 부와 권력에 의해 정복되고 지배되며 착취당하는 다수의 대중이 있었다는 의미가 된다.

인간이 자연을 이용하게 되고 지배자가 되었다는 것이 문명의 밝은 면이라면 계급갈등과 전쟁 등은 문명의 어두운 면이라고 하겠다.

실전 응용 Delivery

세계4대문명 등 인류 최초 문명의 특징을 통해 문명의 양면성을 논하시오.

춘추전국시대

春秋戰國時代

주나라 쇠퇴기부터 진(秦)나라가 중국을 통일하기까지의 혼란기

● ● ●

#군웅할거 #합종연횡 #전국책 #춘추

 3분 개요

춘추전국시대는 춘추시대^{BC.770~BC.403}와 전국시대^{BC.403~BC.221}를 아울러 이르는 역사용어다. 철기시대를 열었던 주^周나라가 대지진과 기근, 폭정의 결과로서 일어난 반정에 의해 수도를 동주로 옮기면서 세력이 약해지자 200개에 이르는 지방제후들이 반독립적인 상태로 각기 세력을 키웠고^{춘추시대}, 그중 세력을 크게 키운 일부 제후국들이 약소국을 흡수하여 규모를 키우면서 마침내 10여 개국으로 정립되었다^{전국시대}.

춘추시대는 본격적인 철기시대로 농기구까지 철기로 제작되었고 우경牛耕 : 소를 이용한 경작까지 발달하여 농업생산력이 크게 증대되었다. 상공업에 있어서도 제철·제염·상업으로 막대한 부를 쌓은 대상인들이 등장했고 민간수공업자나 중소상인들의 활동도 활발해서 각 제후국의 수도가 상업도시로도 크게 번영했다.

춘추시대의 춘추는 공자가 지은 《춘추春秋》에서 유래했다. 지방 제후들이 반半독립적인 상태로 이합집산을 하며 지역의 패권을 다투던 시기다. 각 제후국은 동맹 등 외교를 통해 상호간의 세력균형을 도모했다. 강력한 제후국에 대응하기 위해 세력이 약한 여러 나라가 동맹會盟을 맺어 군사적으로 균형을 유지했던 것이다.

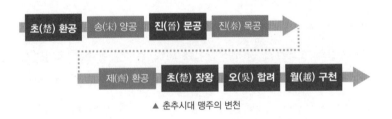

▲ 춘추시대 맹주의 변천

전국시대는 전한의 유향劉向이 편찬한 《전국책戰國策》에서 유래했다. 춘추시대의 제후국이 해체되고 흡수되면서 중앙집권적인 군현제에 의한 고대통일국가가 형성되던 과도기다. 이 시기에는 관료가 정치를 장악하고 군주를 보좌하여 정치의 전반을 관리했다.

군제_{軍制}에 있어서도 지휘권의 세습이 종식되고 전쟁 시 군주에 의해 장군이 임명되었다. 정치와 군사가 분리되고 각 책임자가 군주에 의해서 임명되었던 것이다. 이는 군주권이 강화되었기 때문이며, 그 결과로 능력 위주의 선발이 가능하게 되었다.

▲ 전국칠웅(全國七雄)

한편 전국시대 말기 재상 여불위_{呂不韋}가 이끄는 진_秦의 세력이 강력해지자 초나라의 회왕은 진나라의 동쪽에 있던 위 · 조 · 한 · 연 · 제와 남북으로 동맹을 맺어 진나라에 대한 견제를 꾀하는 합종책_{合從策}을 도모했지만, 진나라는 각각의 국가들을 자신의 동맹으로 끌어들이는 연횡책_{連橫策}을 써서 방해하는 한편 막강한 군사력으로 침략을 지속해 점점 더 세력을 키웠다. 그리고 마침내 기원전 221년 강력한 통일국가를 이룩했다.

Size Up 지식 확장

이 시기의 가장 큰 특징은 다양한 학파와 사상가들, 제자백가_{諸子百家}가 등장했다는 것이다. 과거 씨족형태의 사회는 해체되고 주나라의 봉건제도와 질서가 무너진 때에 군주들 간의 경제적 · 군사적 대립조차 심해지자 새로운 질서를 확립할 필요가 있었음은 자명하다. 군주들은 패자_{覇者}가 되기 위한 전략이 필요했고, 이를 위해 뛰어난 사상을 지닌 책사나 재상으로 앞 다투어 고용했다. 그 결과 사상가들이 하나둘씩 자신의 뜻을 펼치기 시작했다.

그중에서도 공자^{孔子}는 가족도덕과 사회적 규율을 기본으로 하고 예와 군신의 의^義를 중시하는 윤리에 기반한 정치론을 전개했다. 묵자^{墨子}는 공리주의^{功利主義}의 입장에서 군주권력의 강화를 주장했고, 맹자^{孟子}는 왕도^{王道}를 행할 것을 주장했으며, 한비자^{韓非子}를 정점으로 하는 법가^{法家}도 강력한 군주의 권력을 주장했다. 반면 노자^{老子}나 장자^{莊子} 등은 무위자연^{無爲自然}, 즉 자연에 거스르지 않고 순응하기를 권했다. 이들 사상가들은 유교 등 여러 사상으로 자신의 교단을 이끌고 군주와 정치세력에 접근하여 세력을 확대하고자 했다.

실전 응용 Delivery

춘추전국시대의 특징을 통해 정치사적 의미와 사회적 의미를 논하라.

쉬어갈래요?

주지육림과 말희

기원전 1600년경 즉위 초 강력한 의지로 부정부패를 몰아내고 반대 세력들을 제압해나가던 하나라의 걸왕은 유시(有施) 일가로부터 말희라는 여인을 진상받았다. 이후 걸왕은 말희에게 빠져 말희가 원하는 대로 화려한 궁궐과 주지육림(酒池肉林), 즉 술로 연못을 만들고 고기로 숲을 만들어 향락을 즐겼다. 결국 군사(君師)였던 탕이 민심이 떠난 걸왕을 몰아내고 은나라를 세웠다. 전해지기로는 걸왕의 정복전쟁으로 모든 것을 잃은 말희가 탕과 내통하여 고의로 걸왕을 타락시켰다고 한다.

포락지형과 달기

달기도 말희와 마찬가지로 정복지역에서 바쳐진 공물이었다. 달기는 은나라 주왕의 마음을 사로잡은 후 주지육림을 재현해 음란한 연회를 이어갔고 재물을 그러모았으며 포락지형(炮烙之刑, 숯불이 이글거리는 구덩이 위에 기름을 바른 구리기둥을 걸쳐두고 죄인들로 하여금 구리기둥 위를 걷게 하는 형벌)와 같은 잔인한 행각을 즐겼다. 바른 말을 하는 충신을 죽여 젓갈을 담고 포를 떠 안주로 삼기도 했다. 결국 은나라는 군사를 일으킨 주나라 무왕에 의해 멸망하고 말았다.

단순호치와 포사

포나라의 왕이 주나라 왕실에 죄를 지어 자기 나라에서 가장 아름다운 여인을 바쳤으니 바로 포사다. 주나라 유왕은 포사에게 한눈에 빠졌는데, 문제는 포사가 전혀 웃지 않는다는 것이었다. 그러던 중 비단 찢는 소리에 살짝 미소를 짓자 백성을 징발해 매일같이 비단을 찢게 했고, 실수로 올린 봉화에 전국의 군사들이 모여든 것을 보고 붉은 입술 사이로 이가 보이게(단순호치, 丹脣皓齒) 웃자 허구한 날 가짜 봉화를 올렸다. 결국 견융족이 쳐들어왔을 때 또 가짜 봉화인 줄 알고 군사들이 모이지 않았고, 주나라는 멸망하고 말았다.

성산사건

Secessio Plebis

로마에서 일어난 평민의 평화적 귀족반대투쟁

• • •

#몬테사크로 #호민관 #12표법 #호르텐시우스법

 3분 개요

기원전 494년 로마 병사들의 집단반발사건이다. 평민들이 평민만 군역을 지는 당시 계급사회의 모순에 반발하여 무장을 한 채 로마 시 북동쪽 약 5㎞ 지점에 있는 언덕에 모여 농성했다. 농성장소인 몬테사크로가 신성한 언덕, 신성한 산이라고 불렸기 때문에 성산 聖山사건이라고 불린다.

평민의 이탈은 곧 군사력의 약화를 의미했으므로 농성이 45년 동안 5차례나 발발하자 귀족 측은 호민관이라는 평민의 대표를 선출하여 농성자들과 협상했고 타협 끝에 그들의 요구를 수용해주었다.

심화 학습

성산사건 이전 로마에는 귀족^{파트리키}과 평민^{플레브스} 두 신분이 있었는데, 두 신분 간의 계급 이동은 물론이고 결혼도 금지할 정도로 엄격했다. 이렇듯 엄격한 신분사회에서, 초기 로마의 왕정이 몰락한 이후 로마는 온전히 귀족들의 나라였다. 그래서 평민은 원로원 의원 등을 포함한 공직진출의 기회가 완전히 봉쇄당한 채 병역의 의무만 져야 했다.

게다가 당시는 에트루리아아의 전쟁이 계속되고 있었다. 때문에 전쟁에 차출되어 나갔다가 전쟁에 승리해 돌아오더라도 일할 사람이 없었던 평민의 토지는 황폐해지고 가축은 죽은 뒤였다. 생활 터전을 잃은 평민은 귀족들에게 자유를 헌납하고 스스로 노예가 되었다. 전쟁이 계속될수록 악순환 역시 계속되었다.

결국 귀족들의 기만과 신분사회의 불평등에 분노가 폭발한 평민들이 이민족 연합군이 쳐들어왔을 때 징집에 응하지 않고 몬테사크로산에 집결해 농성을 벌였다. 일종의 총파업이었다.

이에 원로원은 외부의 적 때문에 급하게 평민의 요구를 받아들였고, 이에 농성자들은 곧바로 농성을 거두고 전장에 나가 전쟁에서 승리를 거뒀다. 권리를 쟁취한 이들이 권리에 대한 의무를 다한 것이었다.

그러나 귀족들의 약속은 잘 이행되지 않았다. 그 결과 평민들의 총파업은 45년 동안 다섯 차례나 있었다. 이를 합의하는 과정에서 평민들의 요구를 대변하고 그들의 권리를 옹호하는 한편 집정관이나 행정관이 내린 결정에 대해 거부권을 행사할 수 있는 권한을 갖는 호민관Tribunus을 두는 호민관제와 평민의 권리를 최초로 명문화한 12표법이 실시되었다.

또한 기원전 287년 마지막 총파업은 평민들이 참여하는 민회인 트리부스 평민회의의 결의에 법적구속력을 부여하도록 하여 귀족과 평민의 권력이 수평을 이루게 하는 호르텐시우스법Lex Hortensia이 제정되는 데 결정적 역할을 했다.

 지식 확장

호민관의 등장은 평민의 의견이 정치에 반영될 수 있다는 의미를 가진다. 실제로 호민관은 평민회에서 독점적으로 법률을 발의할 수 있었고, 원로원을 소집하고 청원할 권리도 가지고 있었다. 집정관이나 다른 정무관의 결정이나 다른 호민관의 결정에 대하여 그것이 평민의 권익에 배치될 때에는 거부하거나 중재할 수도 있었다. 대의민주주의의 한 형태였던 것이다.

그중에 기원전 2세기경 그라쿠스 형제는 호민관으로서 토지개혁이나 사회개혁을 추진하기도 했다. 하지만 아쉽게도 이들의 노력은 귀족의 반대로 실패로 끝났다.

이처럼 평민이 국가에 대해 갖는 권리의 크기는 5차 농성으로 제정된 호르텐시우스법에 의해 법적인 체계까지 갖추게 되었다.

특히 호르텐시우스법이 갖는 의미는 평민층의 국정 참여가 법적으로 최대한 인정되었다는 점이다. 이로써 평등을 위한 로마 평민들의 오랜 기간에 걸친 신분투쟁이 종결되었고, 사회통합을 이뤘다는 점에서 대제국 로마를 건설할 수 있는 사회적 기반을 마련하게 되었다.

물론 성산사건이 이어지던 당시 로마의 귀족층들에게 농성하는 평민을 제압할 수 있는 물리적 힘이 아주 없었던 것은 아니다. 그러나 외세의 침략이라는 위험요소 앞에서 그들은 무력으로 진압하여 갈등을 고조시키는 대신 대화와 타협으로 평민들의 요구를 받아들였다.

이는 국가발전의 에너지원이 다수의 평민에게 있다는 것, 이들을 방치하고서는 갈등을 잠재울 수 없다는 것을 알고 있었기 때문이었다. 결국 로마는 기원전 1세경에 이르면 정치적인 면에서 귀족과 평민의 구분이 그다지 중요치 않은 시민국가가 되었고, 이같은 능력위주의 사회는 로마를 대제국으로 성장시키는 원동력이 되었다.

실전 응용 Delivery

성산사건과 비슷한 '대중이 자신의 권리를 위해 벌이는 물리적 반발'의 예시를 들고 이에 대한 올바른 국가와 사회의 대응방식을 논하시오.

살라미스해전

Battle of Salamis

페르시아전쟁에서 그리스에 승리를 가져다준 해전

• • •

#크세르크세스1세 #테르모필라이전투 #델로스동맹

 3분 개요

페르시아전쟁에서 그리스가 승리하는 결정적인 계기가 된 해전이
다. 제3차 페르시아전쟁 당시 그리스 전역이 페르시아군에 유린되
고 남부의 작은 섬 살라미스만 남겨둔 때에 그리스의 사령관 테미
스토클레스가 페르시아 함대를 살라미스섬 앞 좁은 해협으로 끌
어들여 대군이었던 페르시아함대를 괴멸시켰다.

그 결과 페르시아는 1년 동안 군대를 정비하느라 그리스에 대한
공격을 중지해야 했고, 그 덕분에 속수무책이었던 그리스의 도시
국가들 역시 재정비하고 반격의 기회를 잡을 수 있었다.

페르시아는 기원전 700년경 지금의 이란 지역에 왕국을 연 후 약 150여 년 동안 별로 두각을 나타내지 못했다. 그러다 기원전 550년경 키루스 2세 즉위를 기점으로 강성해지기 시작해 다리우스 1세에 이르기까지 메디아, 신바빌로니아, 인도, 이집트를 차례로 정복하며 거대한 제국으로 성장했다. 그리고 더 나아가 지중해로 세력을 확장하고자 그리스의 식민지였던 소아시아의 여러 나라들을 굴복시켰다.

하지만 그리스는 페르시아의 패권을 인정하지 않았고, 각종 공작으로 지중해 건너의 페르시아에 점령된 소규모 국가들이 페르시아에 반기를 들 것을 종용했다. 이로 인해 다리우스 1세는 그리스 정복에 나섰고 페르시아전쟁이 시작되었다.

그러나 페르시아의 제1차 원정은 폭풍우로, 제2차 원정은 마라톤전투에서의 패배로 실패했다. 이후 10년 만인 기원전 480년 8월 다리우스 1세의 아들 크세르크세스 1세가 설욕을 위해 다시 대규모 원정에 나섰다. 이때 원정단의 규모는 보병 · 기병이 78만 명, 함선 · 수송선이 4,200여 척으로 그리스연합군의 30배나 되었다.

제3차 페르시아전쟁 당시 페르시아의 육상부대는 유럽대륙과 아시아대륙의 최근접 해로인 헬레스폰토스해협을 건너 해군과 발을 맞춰 발칸반도에 진입해 테르모필라이계곡을 목전에 두었다.

그동안 그리스 도시국가들은 페르시아군의 이동속도가 느린 점

▲ 페르시아 육상부대의 이동경로

을 이용, 연합군을 조직하고 총사령관은 스파르타 왕 레오니다스, 작전지휘는 아테네의 참주 테미스토클레스에게 일임하는 등 대응체계를 갖췄다.

그리고 그들이 테르모필라이계곡에서 페르시아 육군을 저지하는 동안 아테네가 지휘하는 연합해군이 페르시아의 해군을 격멸시켜 전세를 가져온다는 작전을 세웠다.

이에 그리스연합군은 좁은 테르모필라이계곡에 스파르타군을 포함한 7,000명의 병사를 배치하고 페르시아군과 6일을 싸워 버렸다. 그러나 7일째 되는 날 밤, 페르시아군은 그리스군을 피해 테르모필라이계곡을 건널 수 있는 샛길에 대한 정보를 배신자를 통해 얻었다.

이에 페르시아군은 계곡의 앞뒤로 협공을 할 수 있었고, 결사대였던 스파르타군 300명과 그들의 농노들, 1,100명의 보이오티아인을 섬멸했다. 그리스는 연합군의 해군이 작전을 펼치기도 전에 아테네로 가는 길을 내주고 만 것이었다. 하지만 그를 통해 벌 수 있었던 6일 동안 아테네 시민들은 도시를 비우고 살라미스섬으로 도피할 수 있었다.

총사령관 레오니다스의 사망으로 그리스연합군의 지휘를 맡게
된 테미스토클레스는 후퇴하는 척하며 페르시아함대를 살라미스
해협아테네와 살라미스섬 사이의 좁은 해협으로 유인했다. 그리고 페르시아해군
이 해협 안으로 들어왔을 때 작고 빠른 그리스함선로 하여금 전속
력으로 페르시아함선의 옆구리를 들이받게 했다.

크고 육중했던 페르시아함선으로서는 갑작스
런 공격에 뱃머리를 돌리지도 못한 채 큰 피해
를 입고 말았다. 여기에 밤이 되면서 바람이
강한 서풍이 몰아치자 페르시아의 함선 4분의
3이 바다에 가라앉아 버렸다.

주력부대를 거의 잃어버린 페르시아의 황제
크세르크세스는 그해 겨울 본국으로 돌아갈 수
밖에 없었다. 이후 30년 동안 크고 작은 전투가
이어졌으나 전면전은 사실상 종식되었다.

결국 그리스연합군
은 테르모필라이전투
로 시간을 벌었고, 지
형과 기후를 알아 홈그라운
드의 이점을 최대한 이용한 살
라미스해전으로 30대 1의 군사
적 열세에도 불구하고 페르시아의 침
략으로부터 그리스를 구할 수 있었다.

크세르크세르 1세 ▶

페르시아와 그리스가 충돌한 제1~3차 페르시아전쟁은 역사적으로 동양문명과 서양문명의 첫 충돌이었다. 이후 알렉산드로스에 의한 아시아대륙 정복전쟁이 있었으나, 이는 양대문명의 충돌이 아니라 일방적 침략전쟁이었다. 반면 페르시아전쟁은 서양을 대표하는 그리스문명과 동양을 대표하는 페르시아문명의 전면전이었다. 동등한 지위를 가진 두 문명의 충돌이었던 것이다.

또한 살라미스해전은 그리스 입장에서는 불리했던 전세를 단번에 역전시킨 쾌거였고, 페르시아 입장에서는 그리스의 핵심이었던 아테네를 손에 넣고도 결국 전쟁에서 퇴각하게 되는 통한의 패배였다.

사실상 페르시아전쟁에서 승리한 그리스는 새로운 전성시대를 맞았다. 특히 아테네는 페르시아의 재공격에 대비한다는 명목으로 기원전 478년에 '델로스동맹'을 주도적으로 결성하고 동맹군 맹주로 선출되면서 그리스 도시국가들 사이에서 주도적 지위를 차지했다. 더불어 국제적으로나 사회적으로나 안정되자 미술, 정치, 시, 연극, 철학, 법학, 논리학, 역사, 수학 등 여러 분야에서 50여 년 동안 전성기를 맞았다.

그러나 델로스동맹 10년차부터 아테네는 강제로 동맹을 맺거나 동맹의 공금을 아테네를 위해 사용하는가 하면, 동맹에서 탈퇴하려는 도시를 공격하거나 군대를 주둔시켜 사법권까지 간섭하는 등 제국주의적 야욕을 드러냈다.

그로 인해 그리스 여기저기에서 반란이 일어났고, 결국 스파르타를 중심으로 한 펠로폰네소스동맹군과 델로스동맹 사이에 제1~2차 펠로폰네소스전쟁BC.460, BC.431이 발발했다. 전쟁은 아테네가 함락되면서 펠로폰네소스동맹의 승리로 끝났다. 그러나 길고 지루한 싸움으로 타격을 입은 데다 크고 작은 분쟁으로 계속 혼란 상태에 놓여졌던 그리스 본토는 이후 결국 북쪽에서 세력을 키우고 있던 마케도니아의 알렉산드로스에게 점령당하고 말았다.

반면 대규모 원정으로 국력을 소진하기는 했지만, 페르시아는 영토를 손해 본 것도 아니고 전쟁터로 자국의 영토가 파괴된 것도 아니었다. 외적으로는 큰 타격을 입은 상태가 아니었지만 문제는 자존심에 큰 상처를 입었다는 것이었고, 최강국이라는 지위에 흠집이 났다는 것이었으며, 그로 인해 속주의 반란이 서서히 고개를 들기 시작했다는 것이었다. 여기에 궁전 등 대규모 토목공사를 연달아 벌여 원성까지 쌓이게 되었다.

결국 크세르크세스 1세는 기원전 465년 대신들에 의해 암살당하고 정국은 혼란해졌다. 그러나 정작 페르시아를 역사에서 사라지게 한 건 세계정복에 나선 알렉산드로스였다BC.331.

실전 응용 Delivery

현대에 벌어진 전쟁 하나를 예시로 들어 전쟁의 결과와 국가흥망의 연관관계를 페르시아전쟁과 비교하여 설명하시오.

알렉산드로스대왕

Alexandros the Great

유럽·아시아·아프리카 3대륙에 걸친 제국을 건설한 마케도니아 군주

• • •

#반마케도니아동맹 #가우가멜라전투 #프톨레마이오스왕조

 3분 개요

알렉산드로스^{Alexander III. 재위 BC.356~BC.323}는 그리스 북부의 왕국 마케도니아의 아르게아다이왕조 제26대 군주다. 그리스 합병을 시작으로 원정군을 이끌고 오늘날의 헬레스폰토스해협을 건너 페니키아·시리아·이집트를 차례로 점령했고, 연이어 페르시아의 도시들을 수중에 넣었다. 타지키스탄, 우즈베크스탄, 아프가니스탄을 지나 인더스강 연안까지 진출했다.

그러나 회군 중에 갑자기 사망한 탓에 그의 대제국은 마케도니아의 안티고노스왕조, 페르시아 지역의 셀레우코왕조, 이집트의 프톨레마이오스왕조로 분할되고 말았다.

마케도니아가 역사에서 이름을 떨치기 시작한 것은 알렉산드로스의 부왕인 필리포스 2세 때부터였다. 당시 그리스는 펠로폰네소스전쟁 이후 스파르타 · 코린트 · 테베 등의 도시국가들이 구심점 없이 서로 치고 받고 싸우고 있었다.

필리포스 2세는 야욕을 숨긴 채 일부 그리스 국가들을 군사적으로 원조하고 그리스동맹국의 하나로 인정받는 데까지 성공했다. 그러나 아테네의 장군이자 뛰어난 웅변가였던 데모스테네스의 반발로 반마케도니아동맹이 결성되자 필리포스 2세는 곧바로 그리스 전역을 무력으로 점령해버렸다.

알렉산드로스는 필리포스 2세의 아들로서 타고난 무예실력과 아리스토텔레스의 가르침으로 탁월한 학문을 겸비해 왕의 부재 시 섭정을 맡을 정도로 훌륭한 왕재였다. 필리포스 2세가 경비대장에게 암살당하면서 20세에 갑작스레 왕위에 올랐지만 곧바로 주변의 소소한 반란들을 평정해버리고 필리포스 2세가 준비해오던 페르시아원정에 나섰다.

당시 전성기는 지났다고 하더라도 페르시아는 여전히 지중해에서 인디아반도에 이르는 최대의 제국이었다. 그러나 알렉산드로스는 **가우가멜라전투*** 등 거침

> **가우가멜라전투**
> BC.331
>
> 알렉산드로스의 헬라스 동맹군과 페르시아의 다리우스 3세가 이끄는 페르시아군이 티그리스강 상류 가우가멜라평원에서 벌인 최후의 전투다. 이 전투의 결과로 페르시아제국은 멸망해버리고 알렉산드로스는 마침내 페르시아원정을 완성한다.

없이 주변부터 정복해나갔다. 그는 기원전 331년 가우가멜라전투에서 승리하고 페르시아제국의 수도 페르세폴리스로 진격하여 다리우스 3세의 뒤를 이어 즉위한 후계자를 살해한 후 페르시아원정을 완성했다.

선왕의 숙원을 이뤘지만 알렉산드로스의 원정은 끝나지 않았다. 그는 지친 군사들을 다독이며 힌두쿠시산맥을 넘어 인도로 진격했다. 그러나 힌두쿠시산맥을 넘자 군사들이 전투를 거부했다. 결국 인도 동부를 코앞에 두고 알렉산드로스는 페르시아로 회군했고, 갑자기 열병에 걸려 열흘 만에 후계자 없이 세상을 떠났다. 제왕의 허무한 죽음이었다.

이후 제국의 통치권을 놓고 피 비린내 나는 왕위싸움이 벌어졌고, 제국은 3등분되었다. 그중 알렉산드로스의 휘하 장수였던 프톨레마이오스는 이집트와 소아시아 일대를 장악하고 새로운 이집트의 왕을 자처했다. 프톨레마이오스왕조가 개창된 것이다. 프톨레마이오스 왕조는 클레오파트라 사후 로마의 속국이 될 때까지 약 300년 동안 유지되었다.

 지식 확장

알렉산드로스 정복전쟁의 의의는 유럽·아시아·아프리카 3대륙에 걸친 대제국을 건설했다는 것, 그리스문화와 오리엔트문화가 융화되어 새로운 문화를 창조했다는 데 있다. 그 방법으로 알렉산드로스는 정복지마다 자신의 이름을 따 '알렉산드리아Alexandria'라는 계획도시를 건설하고 그리스인들을 이주시켜 동·서양 문화교류에 큰 몫을 담당하게 했다.

또한 알렉산드로스는 기존의 민족·문화를 억압하지 않고 융화정책을 폈다. 적이었던 다리우스 3세의 딸과 결혼한 것도 점령국의 문화를 차별하지 않겠다는 선언에 가까운 것이었다. 더불어 능력이 있는 사람이라면 군에서든, 왕실에서든 인종이나 출생지를 가리지 않고 기꺼이 받아들였다. 이런 융화정책은 오히려 정복지에 자연스럽게 그리스문화가 녹아들게 했고, 그 결과 그리스문화를 바탕으로 둔 새로운 문화가 창조되었다. 헬레니즘이다.

알렉산드로스 사후에는 3등분된 제국들이 저마다 자신의 정통성을 증명하기 위한 방법으로써 그리스문화를 전파하는 데 사활을 걸었다. 그 결과 각 지역에서 자연스럽게 기존의 토착 오리엔트문화와 융화되는 현상이 일어났다. 나아가 헬레니즘문화는 알렉산드로스의 원정길에 동반되어 토착문화와의 또 다른 융화를 거치며 새로운 문화를 거듭 창조해나갔다. 대표적인 사례가 헬레니즘과 인도의 문화가 융화된 간다라문화다. 그리고 이처럼 그리스문화를 바탕으로 한 새로운 문화의 창조과정을 헬레니즘화Hellenization라고도 한다.

실전 응용 Delivery

알렉산드로스가 정복지에서 행한 식민정책을 21세기 보편적 세계관과 세계시민 정신에 입각하여 비평하시오.

헬레니즘

Hellenism

그리스문화와 오리엔트문화가 융합한 세계주의적 문화

• • •

#세계시민주의 #폴리스문화 #알렉산드로스

 3분 개요

헬레니즘은 기원전 323년부터 로마가 이집트를 정복한 기원전 31
년경까지의 그리스·로마문명의 문화다. 동시대, 그리고 근대 이
전 어느 시대와 비교해보아도 그리스·로마문명보다 '모든 것이
사람에서 시작되며, 모든 것의 바탕은 사람'이라는 인본주의적 세
계관을 강력하게 내비친 문명은 없었다. 이들의 문명은 인간 중심
적인 사유를 지향하며, 개인을 중시하는 특징을 지녔다.

근대 르네상스 때 구현하려 한 것도 바로 헬레니즘이다. 헬레니
즘은 여러 문명이 융합된 탓에 보편적 인간성에 기초한 세계시민
주의의 성격도 갖는다. 폐쇄적 고대그리스의 폴리스문화와 달리
지방문화와의 접촉과 융합, 혼성, 절충적 보편성을 갖는다.

알렉산드로스가 대제국을 건설한 탓에 유럽과 아시아, 북아프리카 간의 문화적 교류가 활발해졌고, 오리엔트문화를 포용적 수용했기 때문에 자연스럽게 고대그리스의 문화가 오리엔트문화에 녹아들었다. 앞서 밝혔듯 문화의 융화는 일방적인 방향으로만 전개되지 않았다. 오리엔트문화의 그리스문화화가 목적이었으나 그리스문화 역시 오리엔트문화에 영향을 받았던 것이다.

헬레니즘시대의 국가들은 과거의 잃어버린 영광에 집착하는 듯 과거의 유산을 보존하는 데 애썼다. 그 중심에 도서관이 있었다. 아테네가 도서관을 중심으로 교육, 특히 철학과 수사학에서 명성을 유지했지만, 이집트의 알렉산드리아는 70만 권의 장서를 소장한 대도서관으로, 페르가몬은 20만 권을 소장한 도서관으로 문화의 꽃을 피웠다.

그 결과 그리스어와 문학을 정복지 전역으로 퍼뜨릴 수 있었고, 나아가 그리스문학을 상연하는 그리스식 극장이 곳곳에 건설되면서 그리스 건축양식이 전파되는 요인으로 작용한다.

그러나 내면적으로는 전쟁과 침략이라는 사회혼란으로 공동체 내의 정신적 공항상태가 이어지면서 집단보다는 개인, 이상보다는 현실에서의 마음의 평정과 자유를 중요시했다. 또 다양한 인종의 융합으로 인해 민족이나 혈족, 지연地緣보다는 세계시민주의적

능력주의가 보편화되었다.

　이와 같은 헬레니즘의 특징은 현실의 삶에 대한 고찰을 가져왔다. 에피쿠로스의 쾌락주의가 탄생했고, 그 반작용으로 이성·금욕·윤리를 중시하는 제논의 금욕주의도 등장하게 된다.

	대표인물	업 적
과 학	프톨레마이오스	천동설
수 학	유클리드	유클리드 기하학
	아르키메데스	부력의 원리
철 학	퓌론, 티몬	회의주의학파
	에피쿠로스	에피쿠로스학파
	제 논	스토아학파

Size Up 지식 확장

그리스문화와 오리엔트문화의 융합은 자연스럽게 발생된 것이기도 하지만 알렉산드로스의 의도에 의한 것이기도 하다. 즉, '문명화란 지배의 다른 표현'이라는 말처럼 효율적·실용적인 지배와 제국의 안정을 위한 식민정책의 일환이었던 것이다. 토착문화를 인정하는 대신 그리스문화를 보급했고, 토착민에 대한 탄압 대신 그리스인들을, 주로 원정대 출신 병사들을 정착시키는 방향으로 전개했다.

　그리고 정착을 보다 쉽게, 그리고 영구적으로 이어지게 할 방법으로 서로 다른 민족끼리의 결혼을 추진했다. 원정에 참여한 그리스 병사들과 페르시아 등 토착여인들을 결혼시킨 것이다. 이런 이유로 알렉산드로스 자신도 페르시아·박트리아의 공주들과 결혼했다.

물론 결혼에는 정착 외에 다른 목적도 있었다. 바로 결혼을 통해 그리스인과 페르시아인이 통합된 새로운 지배계급을 창출하고자 한 것이다. 오리엔트문화로 가득한 현지 궁정에 그리스문화를 투입시켜 의도적으로 혼성문화를 만든 것 역시 새로운 지배구조를 꾸리기 위해서였으며, 새로운 지배계급을 위한 문화를 만들기 위해서였다. 과거에 융합되면서도 과거의 문화와 권력에 연연하지 않는, 그래서 제국만의 문화 속에서 알렉산드로스에게 충성하는 권력집단을 만들고자 한 것이다.

실전 응용 Delivery

헬레니즘의 정치적 의미를 알렉산드로스의 식민지정책을 통해 설명하시오.

스토아학파
The Stoics

그리스 철학자 제논이 창시한 금욕주의 철학

● ● ●

#제논 #기둥 #금욕 #극기 #Stoa

 3분 개요

스토아학파는 키프로스의 제논^{Zenon, BC.335~BC.263}이 아테네 광장의 공회당에서 제자들에게 가르친 철학이다. 교육의 장소가 주로 기둥 옆이었다고 해서 '기둥^{Stoa}'이라는 이름이 붙었다. 스토아학파는 기원전 3세기 헬레니즘시대에서부터 제정로마의 말기까지를 대표하는 철학이다. 4세기경 그리스 · 로마의 수많은 지식인들이 스토아학파의 영향을 크게 받았다. 이들은 학문을 자연학과 논리학, 윤리학으로 분류하고 논리학을 매개로 하여 상호 관련되어 자연학에서 윤리학에 이르는 독특한 세계관을 형성했다.

다만, 초기 헬레니즘 시대의 내용은 남아 있는 저술이 온전하지 않아 후대 로마시대 철학자의 인용을 통해 추론되고 있다.

스토아학파의 시대는 이전의 좁고 다양한 폴리스^{도시국가} 세계가 아니라 알렉산드로스의 대제국이나 로마제국처럼 생활공간이 확대된 세계였다. 때문에 추상적인 공론보다는 도처에서 들어오는 의지나 감각 등의 자극을 통해 얻어지는 사실 중에서 진리를 찾을 수 있다고 생각했다. 그러다 보니 논리학을 중심으로 시대에 따라 그 사상과 내용에 상당한 차이를 보인다.

그러나 이러한 다양성은 후기로 가면서 윤리학에 집중되는 경향을 보인다. 현실생활에 있어 외적 권위나 세속적인 것을 거부하고 금욕과 극기의 태도를 갖고자 했는데, 이러한 경향은 실천적인 키니코스학파와 유물론적 일원론의 헤라클레이토스의 영향을 받은 것으로 보인다.

▲ 헤라클레이토스(BC.535~BC.475)

스토아학파의 근본적인 특징은 ▲ 이 세계에 존재하는 것은 모두 물체라는 것이며, ▲ 인간이나 그것을 둘러싸는 자연과 마찬가지로 신^神 역시 물체라고 한 것이다. 그리고 ▲ 만물은 생성과 환귀의 과정을 반복하도록 결정지어져 있다고 생각했다. 따라서 신이 우주만물에 깃들어 순환하고 인간 역시 그 과정을 순환하는데, 그것이 바로 운명이라고 했다.

지식 확장

스토아학파의 사상은 현대에 이르기까지 철학·종교·문학 분야에서 커다란 영향을 끼쳤다. 플라톤을 스토아의 관점에서 해석함으로써 이른바 신플라톤주의의 기초를 확립했고, 그리스도교를 신학으로 체계화했다.

그리고 자연사상의 성립이나 브루노, 스피노자의 사상 등 근세에 있어서도 신과 자연을 동일시하려는 스토아학파의 관점이 커다란 영향을 끼쳤다. 또한 말과 말의 관계가 아니라 명제 상호 간의 관련을 문제 삼으려는 스토아학파의 논리학은 현대 논리학 분야에서도 재조명되고 있다.

실전 응용 Delivery

중세기독교의 핵심교의를 감정과 욕망에서 벗어나 금욕을 통해 행복을 추구하고자 했던 스토아학파의 금욕주의로 설명하시오.

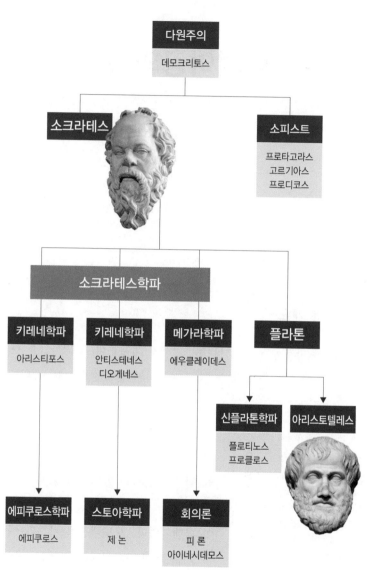

| 다원주의 |
| 데모크리토스 |

| 소크라테스 | | 소피스트 |
| | | 프로타고라스
고르기아스
프로디코스 |

| 소크라테스학파 |

| 키레네학파 | 키레네학파 | 메가라학파 | 플라톤 |
| 아리스티포스 | 안티스테네스
디오게네스 | 에우클레이데스 | |

| 신플라톤학파 | 아리스토텔레스 |
| 플로티노스
프로클로스 | |

| 에피쿠로스학파 | 스토아학파 | 회의론 |
| 에피쿠로스 | 제 논 | 피 론
아이네시데모스 |

▲ 고대그리스의 철학계통

니케아공의회
Councils of Nicaea

교회법을 반포한 가톨릭 최초의 공식 종교회의

• • •

#예루살렘공의회 #삼위일체 #사두정치 #삼위이체

Instant ### 3분 개요

325년, 로마제국의 콘스탄티누스 1세가 기독교의 각 교파들을 니케아^{오늘날 터키의 이즈니크}에 소집했다. 제국의 통일에 기독교를 이용하려 했으나 수많은 교리의 대립으로 오히려 국론분열의 위기에 처했기 때문이었다. 기독교 교리의 체계화와 통일을 위해 부활절과 삼위일체 등이 논의되었고, 보편교회^{공교회}의 정치적 외연이 확대되었다. 사도행전에 기록된 **예루살렘공의회*** 후 기독교 최초의 공의회다.

> **예루살렘공의회**
> Council of Jerusalem, AD.49
>
> 소아시아의 안디오키아교회에서 모세 5경 등 구약성서의 율법준수문제에 대해 율법준수를 주장하는 유대 그리스도교인과 독립을 주장하는 이방 그리스도교인 간의 교리논쟁이 벌어진 기독교 최초의 공의회다. 신약성서에서는 사도행전 15장에 기록되어 있다.

군인들의 반란과 역모, 암살로 연이어 황제가 바뀌었던 로마의 군인황제시기[235~283] 후 자리 잡은, 국가권력과 왕좌를 네 명이 나누어 통치하는 '사두정치체제' 시대의 콘스탄티누스 1세[Constantinus Augustus. 재위 306~337]는 커다란 문제에 직면해 있었다. 나머지 황제들과의 불화로 로마가 정치·사회적으로 완전히 분열되어 있었던 것이다.

이때 그는 종교를 이용했다. 313년 메디올라눔[오늘날 이탈리아의 밀라노]에서 칙령[밀라노칙령]을 선포하고 기독교를 종교로서 정식 인정한 것이다. 이에 기독교인들은 이전에 몰수당했던 재산을 돌려받고 종교의 자유를 얻을 것이라고 기대했다.

하지만 동로마를 지배하고 있던 리키니우스 황제는 약속을 깨뜨리고 기독교를 박해했고[320], 이에 콘스탄티누스 1세는 리키니우스와의 전면전을 벌여 전쟁을 승리로 이끌고 마침내 단일황제시대를 열었다.

황제가 된 이후에도 통일된 제국을 굳건히 하기 위해 기독교 세력을 이용하고자 했다. 그런데 당시 교회 내부에는 많은 교리의 대립이 있어 수습이 곤란한 상태였다. 황제는 기독교 각 교파를 니케아로 불러들여 종교회의를 열었다. 이때 동방교회 주교 1,000명, 서방교회 주교 800여 명 중 318명이 니케아에 모였다.

회의는 니케아에 있는 황제의 궁에서 콘스탄티누스 1세가 참석

▲ 니케아공의회 회의 장면

한 가운데 시작되어 약 두 달간 계속되었고, 318명의 감독들이 참석했다. 회의주제는 주로 아리우스 논쟁, 즉 아버지인 하느님과 아들인 예수 그리스도와의 관계에 대한 것이었다. 논쟁 결과 삼위일체설을 부정하고 '예수는 창조된 존재이며, 성부에게 종속된 개념'이라는 삼위이체설을 주장한 아리우스파가 이단으로 결정^{니케아신경}되었고, 수장이었던 아리우스와 교도들이 추방되었다. 이 추방은 교회의 일에 세속의 후원이 중요함을 보여주기 위한 것이었다.

그 외 니케아공의회의 결정은 다음과 같다.

- 유대인 달력에 의한 기존 부활절 습관을 폐지
  → 전 교회가 춘분 후 만월을 기준한 일요일로 지정
- 유대인들의 기독교인 노예 소유 불허
- 사제들의 고리대금업 금지
- 유대교로의 개종 금지
- 주교 · 사제 · 부제가 다른 교회로 옮겨가는 것 금지
- 성직자의 순결 의무화

니케아공의회의 결과 콘스탄티누스 1세는 교회 위에 군림하는 도덕적 절대자가 되었다. 이는 콘스탄티누스 1세의 정치적 목적에 의해 니케아공의회가 개최되었다는 증거가 된다. 실제로 콘스탄티누스 1세는 제국의 통합을 최고의 목표로 삼고 있었고, 통일된 교의의 종교가 국민을 하나로 묶어주기를 바랐다.

하지만 기독교를 국가통치에 활용되기 위해서는 그전에 교의가 통일되어야 했다. 그래서 공의회에서 다룬 대부분의 쟁점들을 자신이 원하는 방향으로, 그것도 만장일치로 결정되는 모양새를 갖췄다.

공의회 이후에는 삼위일체설로 종교적 정통성을 점한 알렉산드로스파의 수장 아타나시우스를 모략해 탄압함으로써 교회권력이 강해지는 것을 견제했고, 그 결과로 황제 자신을 신과 동일선상에 위치하게 하고 교회 위에 군림하게 만들었다. 그러나 황제의 권력이 교회 내의 문제에 개입하는 나쁜 선례가 되었다.

 지식 확장

애초에 기독교는 로마제국에서 박해의 대상이었다. 그러다 313년 종교로서 공식적으로 인정되었다. 콘스탄티누스 1세에 의해서였다. 공식인정이란 그동안 입 밖으로 낼 수 없던 말을 할 수 있게 되었다는 의미로서 논쟁이 가능해졌다는 의미이기도 하다.

콘스탄티누스 1세가 기독교를 인정하고 교회가 자유와 평화를 누리게 되자 기독교는 로마제국 전역으로 교세를 확장시켰고, 신학이 성립·발전하는 과정에서 많은 주장들이 생기면서 급기야 국가적 갈등으로 부상했다.

이는 단일황제시대를 열고자 하는 콘스탄티누스 1세의 정치적 야심에 걸림돌이 되었다. 그런 의미에서 니케아공의회는 로마제국의 정서적 통일을 위한 수단이었으며, 나아가 점차 세력이 커지는 교회권력을 국가권력 밑에 두고자 하는 정치적 노림수였던 것이다. 아울러 니케아 공의회의 또 다른 의의는 향후 성경에 구체적으로 명시되어 있지 않은 종교적 명제를 규정할 때 공의회를 통해 공식입장을 정리하는 것이 관례가 되었다는 것이다.

공의회는 이후에도 황제 주도로 거듭되었고, 그 과정에서 이단이 단죄되고 정통교리가 선포되었다. 그러나 그리스어의 동방교회와 라틴어의 서방교회의 정서적·관습적 차이는 정치적인 여건과 결부되어 주신主神의 일치에도 불구하고 다양한 견해차이로 대립했고, 이 과정에서 중세의 기독교 중심 세계관 확립의 기반을 다졌다.

실전 응용 Delivery

니케아공의회에서 결정한 예수의 신성과 인성에 대한 기독론(基督論)과 기존 유대교와의 차이점을 논거하고, 기독교가 세계적 종교로 발전할 수 있었던 이유를 설명하시오.

게르만족 대이동

Volkerwanderung

200년간 계속된 북방 게르만족의 대규모 남하

• • •

#반달족 #수에비족 #부르군드족 #프랑크족

 3분 개요

라인강과 도나우강 북동쪽에서 수렵과 목축, 농경에 종사하며 부족 단위의 원시적인 생활을 하던 게르만족은 4세기경부터 6세기경까지 200년 동안 남하를 지속했다. 소규모로는 노르만족의 남하가 있었던 11세기까지 이어졌다고 보기도 한다. 남하의 원인은 기온 하락, 인구 증가, 경지 부족, 훈족 진출로 꼽는다.

　이탈리아반도 등 지중해 쪽으로 남하한 게르만족들은 비교적 소규모였기 때문에 대부분은 원주민에게 동화하거나 가톨릭과 대립하는 과정에서 소멸되었다. 반면 가장 세력이 컸던 프랑크족과 일부 부족들은 그리스정교를 신봉하는 동로마제국에 대항하고 가톨릭교회와 제휴하여 중세 서유럽 봉건사회의 형성을 촉진시켰다.

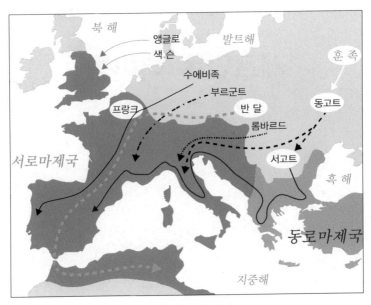

▲ 게르만족의 이동

Set Meal 심화 학습

게르만족은 크게 동게르만족, 서게르만족, 북게르만족으로 나뉜다. 동게르만족에는 반달족 · 부르군트족 · 고트족, 서게르만족에는 앵글로족 · 색슨족 · 롬바르드족 · 수에비족 · 프랑크족, 북게르만족에는 노르만족이 대표적이다.

게르만족의 공통된 특징은, 사회의 구성은 부족형태에 지나지 않았지만 충성과 보호라는 맹약을 근간으로 하는 전사조직을 갖추고 있었다는 점이다.

이들이 처음 남하하기 시작한 것은 일찍이 기원전 2세기 말이었다. 초기 남하의 최종 목적지는 로마 영내였다. 그러나 로마제국이 강성했을 때에는 로마의 장성리메스과 방위군단에 막혀 라인강을 두고 제국과 대치했을 뿐이었다. 이때의 남하 이유는 주로 추운 겨울 식량부족 때문이었다.

그러다 3세기 로마제국의 힘이 약해지고 국경방위에 소홀해지자 제국의 영역으로 들어와 하급관리와 농민, 용병으로 원주민과 동화되어 살아갔다. 적어도 이때의 남하는 평화적인 이주였다.

그러나 이러한 평화적 이주는 378년 서고트족에 의해 군사적인 침략으로 바뀌게 되었다. 물론 이들이 처음부터 로마제국을 군사적으로 침략한 것은 아니었다. 376년 훈족의 공격을 받은 게르만족은 도나우강을 건너 동로마제국으로 쫓겨 왔고, 동로마제국의 황제 발렌스의 허락하에 트리키아오늘날 불가리아에 정착했다.

하지만 트라키아 총독 루피키누스가 서고트족을 착취하고 탄압하자 이에 서고트족이 반기를 들었다. 결과는 제국의 패배였고 정착을 허락했던 황제 발렌스는 전사했다.

그 후로 이들은 발칸반도의 로마 속주들을 약탈하면서 정착할 곳을 찾아 이리저리 떠돌아다녔다. 이들의 침략행위는 테오도시우스 1세가 연방형태로 모이시아에 정착시킬 때까지 4년 이상 계속되었다.

테오도시우스 1세가 이들을 정착시킨 것은 그의 입장에서 보면 제국군을 게르만용병이 대신하고 있는 상황에서 이민족에 대한 차별은 로마제국의 멸망으로 이어질 수 있다고 판단했기 때문일 것이다. 테오도시우스 1세가 기독교를 국교로 선포한 것도 이민족을 하나로 단결시키기 위한 것이었다. 하지만 대대로 자신들만의 토속종교를 가지고 있었던 게르만족들에게 기독교의 강요는 반발을 야기했다.

이후 게르만족은 유럽 각지로 흩어졌는데, 동게르만족은 대부분 원주민들의 문화에 동화되거나 그 사회에 편입되었다. 반면 북쪽의 앵글로−색슨족·롬바르드족·프랑크족 등 서게르만족은 영국·프랑스·이탈리아·에스파냐 등 각지에서 자신들의 왕국을 세웠다.

 지식 확장

게르만족은 본격적인 민족이동을 시작하기 전에 이미 산발적으로 로마 제국의 영토 내에 침투하여 로마군의 용병으로 정착하거나 로마인과 교역하면서 교류했다. 그러다 본격적인 남하 이후 동로마와 크고 작게 충돌했는데, 이때의 승리로 게르만족들의 기세가 높아졌다.

승리를 쟁취한 서고트족은 서로마제국으로 창끝을 돌려 3회에 걸친 이탈리아 원정 끝에 로마를 정복하고 약탈을 자행했다. 이후로도 그들은 서진을 계속했고, 갈리아를 거쳐 에스파냐에 도착해서야 정주했다.

	부 족	최종이동지역	왕 국
서게르만족	프랑크족	프랑스 북부/독일 서쪽	프랑크왕국(481~870)
	수에비족	이베리아반도 서쪽	수에비왕국(411~585)
	부르군트족	프랑스 남부	부르군트왕국(443~534)
	반달족	아프리카 북부	반달왕국(429~534)
	롬바르드족	이탈리아 북부	롬바르드왕국(568~810)
동게르만족	동고트족	이탈리아반도	동고트왕국(493~555)
	서고트족	이베리아반도 동쪽	서고트왕국(415~711)
북게르만족	앵글로족	영국 브리타니아	앵글로색슨왕국 (449~829)
	색슨족	영국 브리타니아	

이 외 반달족 · 수에비족 · 부르군드족 등 동게르만족들 역시 라인강을 건너 갈리아오늘날 프랑스에서 독일까지의 서유럽지대로 들어왔고, 나아가 북아프리카로 진출했다. 이들은 일개 부족의 지위에서 번듯한 왕국으로 탈피하여 서로마제국의 영토를 침식해나갔다.

이 모든 것이 100년에서 길게는 200년 동안에 일어났다. 그로 인해 영국과 북아프리카까지의 영토를 자랑하던 서로마제국은 각지에 정주한 게르만족에 의한 왕국에 의해 축소되었고, 이 과정에서 게르만족과의 항전으로 국력을 소모했다.

결과적으로 로마제국의 본산이라 할 수 있는 서로마제국은 476년 멸망하고 말았다. 서유럽의 주인이 로마인에서 게르만족으로 바뀐 것이다.

교회사적으로도 게르만족의 대이동은 큰 의미를 갖는다. 당시 교회는 로마제국 안에서 제도를 변화시키는 등 그 지위는 확고했지만, 한 명 한 명의 신앙으로서 내면의 깊게 자리 잡지는 못했다. 여전히 그들 속에는 고대 로마의 다신교도 존재했다.

그런데 게르만족의 침입으로 세계의 중심이었던 제국의 권위가 실추되고 말았다. 잦아지고 장기화되는 게르만족의 침입으로 제국의 행정조직은 와해되고 도시의 제반시설은 붕괴되었다. 이런 때에 세속 중심이었던 기존의 다신교는 더 이상 위로가 되지 못했다. 반면 기독교의 위상은 점차 지고해지고 교리는 엄격해졌다. 사람들은 이런 기독교에서 위안을 찾게 되었다. 일부는 신앙과 노동의 결합을 보장해주는 수도원으로 찾아 자신을 의탁했다. 무너진 행정조직과 황폐해진 사회의 혼란 속에서 교회가 유일한 희망으로 떠오른 것이다.

▲ 교황 그레고리오 1세
(재위 590~604)

교회는 교회대로 서로마제국이 쇠락해가자 새로운 신자를 찾아나섰다. 교황 그레고리오 1세를 수장으로 하는 가톨릭교회는 이미 몰락의 길을 걷고 있는 서로마제국과 동로마제국 황제들로부터 아무런 도움을 기대할 수 없다는 것을 깨닫고, 교회를 끊임없이 위협하는 게르만족들을 포용하기로 한 것이다.

여기에는 그레고리오 1세 주도의 전략이 있었다. 그는 유럽 내 비非기독교인에 대한 교회의 포교활동을 조직화하여 이를 독려하였는데, 그중에서도 잉글랜드의 이교도인 앵글로-색슨족에 대한 복음화가 대표적이었다. 이로써 이탈리아반도를 중심으로 한 유럽 남부에 치중되어 있던 기독교가 유럽 북부로 확장되었다.

게르만족을 기독교로 교화시키고 문명화시키려는 이러한 교회의 노력은 갑작스러운 민족이동으로 본래 문화가 붕괴되어 버린 게르만족에게 새로운 문화가 되었고, 사상적 기초가 되었다. 이는 다른 말로 하면 바로 가톨릭교회와 게르만족의 동맹이었다. 이로써 중세의 특징인 '기독교로 통일된 사회'의 기틀이 마련되었다.

실전 응용 Delivery

4세기부터 200년에 걸친 게르만족의 대이동이 유럽사회에 끼친 영향을 설명하시오.

중세철학
Medieval Philosophy

로마제국의 몰락부터 15세기 르네상스 때까지의 철학사변

● ● ●

#헤브라이즘 #아우구스티누스 #토마스아퀴나스

 3분 개요

5세기에 서로마제국이 붕괴하고 나서 16세기에 르네상스가 일어
날 때까지의 1,000년을 지배한 철학사변을 통틀어 이르는 말이
다. 종교의 교리에 강력하게 영향을 받은 철학이지만, 학문적 진
보도 만만치 않게 일어났다.

　고대그리스의 플라톤과 아리스토텔레스를 바탕으로 기독교적
철학을 발전시켰고, 이로써 사회 전반에 큰 영향을 미쳤다. 초기
의 교부철학과 9세기 이후의 스콜라철학으로 크게 나눈다.

700년 동안 단 한 차례도 침략당한 적 없던 로마가 410년 게르만족의 일파인 서고트족에 의해 점령되었다. 위대한 로마가 그들이 야만족이라고 부르는 이들에 의해 짓밟힌 것이다. 이는 유럽을 호령했던 로마의 영광이 꺾이는 결정적 사건이었다.

이런 때에 신학자인 아우구스티누스는 《신의 나라》라는 책을 써냈다. 아우구스티누스는 고대의 끝이자 중세의 시작이라 할 수 있는 시대에 북아프리카 히포^{오늘날 알제리 지역}에서 주로 활동한 철학자였다. 그는 서양사상의 원형을 이루는 두 개의 전통인, 고대그리스의 헬레니즘과 원시 기독교의 헤브라이즘을 하나로 묶어 기독교 철학 또는 신학을 출범시켰다. 하지만 이 접목은 대등한 것이라기보다는 종교로서의 기독교 본체에 플라톤철학의 옷을 입힌 것이었다.

애초에 플라톤은 "인간은 이데아^{Idea : 진리}가 아닌 이데아의 그림자만을 보는데, 이는 이데아가 인간이 보지 못하는 저 너머에 있기 때문"이라고 했다. 그리고 "인간의 현실은 이데아의 세계를 모사한 가짜로서 철학의 사명은 감각에 묶여 망각된 이데아를 기억해내는 것"이라고 했다.

그런데 플라톤이 말한 이데아의 세계는 아우구스티누스에 의해서 신의 세계가 되었다. 그리고 참된 세계로 나아간다는 것은 신을 향해 나아가는 것, 즉 신을 사랑하는 것이 되었다.

아우구스티누스 시대의 기독교는 로마제국에서 종교로 인정을 받고 있었고, 공식국교이기도 했다. 하지만 어떻게 기독교를 로마인의 이치에 맞게 설명할 것인가 하는 문제를 안고 있었다. 이때 아우구스티누스는 기독교에 철학이라는 옷을 입힘으로써 이 문제에 대한 해답을 제시한 것이다.

이렇게 아우구스티누스는 로마제국이 사라진 이후에도 힘을 발휘할 수 있는 교의를 구축했을 뿐만 아니라 기독교 공동체에 필요한 제도로서의 교회이론을 세웠다. 때문에 그를 교회의 아버지, 교부敎父라고 부르게 되었다. 그의 철학이 '교부철학'이 된 이유다.

▲ 교부철학의 아우구스티누(354~430)

한편 유목민족과 농경민족의 접촉은 유목민족의 기술과 도구가 농경민족에게 전해지면서 농업의 혁신을 야기했다. 이를 통한 농업생산의 증대는 중세의 생산관계인 봉건제도를 빠르게 정착시켰고, 잉여생산물이 축적으로 경제적인 여유를 제공했다. 이러한 경제적인 여유는 12세기 이후 대학이 설립되는 토대가 되었다. 토마스 아퀴나스도 이러한 사회·경제적 여유로 세워진 파리대학의 유학생이었다.

토마스 아퀴나스는 "신학과 철학은 구별되지만, 그 둘은 결코 모순될 수 없다"고 주장했다. 그는 인간의 이성을 통해 신의 개입 없이도 진리를 인식할 수 있으며, 이는 계시와는 구별된다고 주장했다. 더불어 인간의 이성은 신에 의해서 창조될 때 부여받은 것이므로 계시적 진리와 충돌할 수 없다면서 이전의 철학과 종교의 갈등을 일축했다.

▲ 스콜라철학의 토마스 아퀴나스(1225~1274)

 지식 확장

영원할 것 같았던 로마제국의 무너지고 역사를 간직한 고대도시들이 폐허가 되자 사람들은 새로운 종교에 기댔고, 국가는 국민을 하나로 모으기 위해 종교를 이용했다. 중세가 기독교를 장착한 '신' 중심의 사회로 출발한 이유다.

하지만 이런 목적이 달성되기 위해서는 이전 이성을 중시한 고대그리스의 철학과의 교통정리가 필요했다. 그런 의미에서 교부철학이나 스콜라철학은 이러한 시대적 요구에 답을 제시했다. '인간이 피조물일 뿐임을 강조하고 저 너머에 진리의 신의 세계가 있다'는 교부철학이 '피조물이 신의 세계를 이해할 수 있는가'에 대한 문제에 봉착하자 '인간은 신의 창조물이므로 진리와 충돌할 없다'는 스콜라철학으로 발전해나간 것이다.

문제는 이성의 철학을 철저하게 기독교적 입장에서 이해하려 했다는 것이다. 때문에 다른 입장은 용인이 되지 않았다. 이런 이유로 르네상스의 인문주의자들은 중세를, 고전시대와 고전문화 재생의 사이, 즉 고대그리스와 르네상스시대 사이의 야만스러운 시대라는 의미로 '중세'라고 하여 업신여겼다.

근대의 역사가들의 평가 역시 중세철학이 기독교신학에 강하게 영향을 받았다는 것은 부인하지 못했다. 그러나 나름의 철학적 발전이 있었던 시기라고 평가했다. '신과 인간을 분리하고 인간의 이성에 정당성을 부여하며 아리스토텔레스로부터 물려받은 경험세계의 중요성을 인식함으로써 르네상스로 나아갈 수 있는 기반을 마련'했다는 것이다.

실전 응용 Delivery

스콜라철학이 주장하는 이성과 종교의 관계를 설명하고 오늘날 이성과 종교가 공존할 수 있는가에 대해 논하시오.

메르센조약

Traité de Meerssen

오늘날 프랑스와 독일 국경의 원형을 이룬 국경획정조약

• • •

#프랑크왕국 #카롤루스대제 #로타링기아 #리베몽조약

 3분 개요

게르만족의 일족인 프랑크족이 세운 프랑크왕국이 843년 베르됭
조약으로 동·서·중프랑크로 분열된 후 869년 중프랑크의 왕이
후사 없이 죽자 서프랑크의 카를 2세가 중프랑크의 일부였던 로트
링겐을 병합했다.

이에 동프랑크의 루트비히 2세가 무력으로 대항하여 양국 간에
전쟁위기에 직면했으나, 870년 메르센^{오늘날 네덜란드 지역}에서 타협이
이뤄졌다. 그 결과로 모젤강과 마스강 하류의 선을 따라 로트링겐
과 프리슬란트를 세로로 분할하고 동쪽은 동프랑크, 서쪽은 서프
랑크가 차지하게 되었다. 메르센조약으로 확정된 국경은 오늘날
프랑스와 독일 국경의 원형이 되었다.

훈족의 침입 등을 이유로 고향을 버리고 남하한 게르만족들은 정착지역에 자신만의 왕국을 세웠으면서도 로마제국과의 대결과 회유로 긴 유랑을 거듭하면서 일부는 멸망하고 일부는 기존 유럽문화에 통합되었다. 반면 프랑크족은 라인강 하류 유역에 상주하면서 자신들의 정체성을 유지하는 동시에 기존 게르만계 중소부족을 통합해나갔다. 그렇게 세워진 것이 메로빙거왕조였다.

메로빙거왕조는 로마군과 대응하던 강력한 용병을 내세워 기존 역을 고수하는 한편 아래로 피레네산맥, 위로 라인강에 이르는 대영토를 획득했다. 카롤루스 1세800~814, 일명 카롤루스 대제, 샤를마뉴 대제에 이르러서는 서부와 중부의 유럽 대부분을 차지했을 뿐만 아니라 이탈리아까지 정복하였다. 유럽의 대부분이 프랑크왕국의 발아래에 있었다고 해도 과언이 아닐 정도였다.

상황이 이렇게 되자 당시 교황 레오 3세는 카롤루스 1세에게 먼저 서로마제국의 황제직을 제안했다. 교황의 이러한 제안은 아직 건재한 동로마제국을 견제하고 가톨릭을 수호할 새로운 세속 군주가 필요했기 때문이다.

그런데 카롤루스 1세의 아들 루트비히 1세는 자신의 사후 일어날 분쟁을 막기 위해 장남인 로타르 1세를 공동황제로 선포하고 왕위와 프랑크왕국의 국토를 양도했다. 차남 피핀과 삼남 루트비히 2세에게는 변방지역을 주기로 했는데, 이러한 유산 상속의 내용을 법으로 제정해버려 분쟁 발생의 위기를 최소화하려 했다.

	왕국명칭	지배지역	특징
로타르 1세	중프랑크	**- 왕국의 중앙 -** 로타링기아, 알사스, 부르고뉴, 프로방스, 이탈리아 반도의 북쪽 절반	신성로마제국 황제 겸임 명목상 프랑크왕국 지배 중프랑크만 실질적 지배
루트비히 2세	동프랑크	**- 왕국의 동쪽 -** 라인 강 동쪽에서 이탈리아 북동쪽	동프랑크 실질적 지배 오늘날 독일 지역
카를 2세	서프랑크	**- 왕국의 서쪽 -** 론강, 손강, 세르트트 강 서쪽	서프랑크 실질적 지배 오늘날 프랑스 지역
※ 피핀 1세	아키텐	**- 왕국의 서남쪽 -** 도르도뉴, 지롱드, 랑드, 로테가론 등 프랑스 남부 아키텐 지역	서프랑크의 속주로 전락 서프랑크 실질적 지배

▲ 루트비히 1세의 아들과 유산

그러나 루트비히 1세 사후 로타르 1세가 형제들에게 주어진 왕국의 소유권을 주장하고 나서면서 이들 사이에 전면전이 벌어졌다. 결국 이 대결은 연합하여 로타르 1세에 대응한 프랑크왕국 동쪽의 루트비히 2세와 그에게 협조한 카를 2세의 승리였고, 베르됭에서 조약을 체결함으로써 제국에 가까웠던 프랑크왕국이 3등분으로 분할되었다.

왕위쟁탈에 적극적이었던 루트비히 2세는 왕국의 동쪽을, 애초에 영토의 소유권도 미미했던 카를 2세는 루트비히 2세와 연합을 통해 왕국의 서쪽을 차지하고 실질적 지배자의 지위를 획득했다. 반면 선왕에게서 프랑크왕국의 왕으로 선택되었던 로타르 1세는 신성로마제국 황제의 지위를 갖는 전 프랑크왕국의 지배자칭호는 보유했으나 이는 명목상이었을 뿐 실질적 지배는 왕국의 중앙부에 속하는 지역에 국한되었다.

사망한 차남 피핀의 아들 피핀 2세는 아키텐^{오늘날 프랑스 서남부} 지역을 물려받았으나, 계속해서 아키텐에 대한 욕심을 보인 카를 2세의 공격을 받았다. 결국 그는 굴복하여 아키텐의 소유권을 지키는 대신 카를 2세의 가신으로 남기로 했다. 이로써 베르됭조약으로 카롤루스 1세가 세운 프랑크왕국은 점차 해체되기 시작했다.

그런데 야심이 컸던 루트비히 2세와 카를 2세의 눈이 번쩍 뜨이게 만드는 일이 일어났다. 869년 로타르 1세로부터 로타링기아^{알프스 북쪽} 지역을 유산으로 받은 차남 로타르 2세가 후사 없이 사망하면서 왕위가 공석이 되어버린 것이었다. 삼촌인 루트비히 2세와 카를 2세는 즉각적으로 그 영토를 나누어 갖기 위해 조약을 체결했다. 870년의 메르센조약이다.

조약의 내용은 로타르 2세가 지배하던 로타링기아 지역을 동서로 분할하고 각각 동프랑크와 서프랑크에 편입한다는 것이었다. 국경선은 대략 뫼즈강, 모젤강, 마른강, 손강 및 쥐라산맥을 따라서 그려졌다. 특히 정치·경제적으로 중요한 지역이었던 아헨, 홀란드, 알자스를 포함하는 로타링기아의 동쪽 부분이 동프랑크왕국의 영토가 되었다.

무엇보다도 메르센조약의 가장 큰 특징은 이전까지 명목상으로나마 하나의 왕국이었던 프랑크왕국이 사실상 분리되어 각각의 독립국이 되었다는 것이다. 베르됭조약으로 시작된 프랑크왕국의 분열은 메르센조약으로 완성되었고, 이는 곧 서유럽의 세 근대국가인 프랑스, 독일, 이탈리아의 탄생을 의미했다.

프랑크왕국은 게르만족인 프랑크족이 서로마제국 멸망한 후 그 영토 위에 세운 나라였다. 강한 자, 용감한 자, 자유로운 사람들을 의미하는 '프랑크'라는 민족의 이름처럼 이들은 강력한 군사력으로 서유럽 최초로 게르만족에 의한 통일왕국을 건설했다.

그런데 왕이 죽으면 영토를 모든 자식들에게 분할하여 상속하는 게르만족의 전통 때문에 프랑크왕국은 분열과 통일의 과정을 반복했고, 형제 간의 투쟁도 빈번했다. 베르됭조약이나 메르센조약은 이러한 과

▲ 프랑크왕국의 분열

정의 일종이었다. 다른 점에 있다면 이후에 다시 통일되지 않았다는 점이었다. 메르센조약으로 3등분된 프랑크왕국의 국경선은 이후 몇 번의 변동을 거쳐 880년 리베몽조약으로 확정되었다. 이로써 오늘날의 프랑스, 독일, 이탈리아 국경의 원형이 탄생되었다.

이러한 분열이 가능했던 이유는 프랑크왕국에서 국가는 왕가의 사유재산이었기 때문이다. 그래서 왕자들에게의 분할이 가능했다. 하지만 실제로 왕권이 주민에 직접적으로 미치는 범위는 대단히 제한되어 있었고, 대신 각 지역에 실재하는 귀족과 교회가 주민의 정치·경제를 장악하고 있었다. 여기에는 로마제국의 멸망과 함께 조밀했던 도시가 쇠퇴하고 농업 중심의 농촌사회가 우세해진 탓도 있었다.

여기에 로마제국의 대농장 체제가 소멸되면서 주민들은 소작노예에서 농민으로 다소 신분이 상승했다. 그러나 게르만족의 약탈에서 로마제국이 지켜주지 못하자 유력한 집안에 땅과 자신들을 제공하고 보호를 위탁하면서 점차 폐쇄적인 지역 중심의 사회를 형성하게 되었다.

이러한 과정을 통해 형성된 지방분권적 봉건제도가 왕권에 의해 붕괴되는 것은 프랑스의 경우 100년전쟁 이후에나 가능했다. 절대주의시대에 이르러서야 왕권이 지방 봉건귀족들의 세력을 확실하게 누르고 절대적 지위를 차지하게 되는 것이다.

한편 프랑크족은 애초에는 장자상속의 확고한 관습도 존재하지 않았고, 남성의 우월한 지위도 확립되어 있지 않았다. 때문에 가주의 지위는 여계女系를 통해서도 계승이 되었다. 그러나 점차 남성의 우월적 사회로 변해갔는데, 여기에는 가톨릭의 영향이 컸다.

로마제국이 동로마제국과 서로마제국으로 분열되고 서로마제국이 멸망하자 로마교황청은 동로마제국의 홀대를 받고 있었다. 이런 시기에 서로마제국의 영토에 강력한 프랑크왕국이 들어서자 로마 교황청은 이들과 연대하여 동로마제국을 견제하고자 했다.

▲ 800년 12월 25일, 교황 레오 3세에게
신성로마제국 황제의 제관을 수여받는 카롤루스 대제

프랑크왕국은 교황의 권위를 받아들이는 대신 신성로마제국 황제의 지위를 받아 권위를 인정받았다. 거래를 한 것이다. 이 덕분에 게르만족이 세운 대부분의 왕국들이 200년 만에 역사에서 사라진 것과 달리 프랑크왕국은 왕조를 바꿔가면서도 힘을 키워나갈 수 있었다.

실전 응용 Delivery

많은 게르만족 왕국의 건국과 소멸이 이어지는 가운데 프랑크왕국은 기독교를 기반으로 하여 명맥을 이어갈 수 있었다. 이를 바탕으로 군사력 외에 국가의 성립에 중요한 것은 무엇인지 서술하시오.

장미전쟁

Wars of the Roses

1455~1485년 영국의 왕위계승을 놓고 일어난 내란

・ ・ ・

#랭커스터 #요크 #보즈워스전투 #튜터왕조

 3분 개요

프랑스의 왕위계승권과 플랑드르 지역의 소유권을 두고 영국과 프랑스가 벌인 100년전쟁 이후, 영국은 전쟁의 패배로 인해 왕실의 권위가 추락했다. 왕위계승 문제가 발생하자 영국 내 가장 큰 두 집안인 랭커스터 가문과 요크 가문 간에 갈등이 벌어졌다. 이는 다른 귀족들로 하여금 어느 한편을 들지 않을 수 없게 만들었다. 랭카스터 가문은 붉은 장미를, 요크 가문은 백장미를 문장으로 삼고 있었기 때문에 이 전쟁을 장미전쟁이라고 한다.

30년 동안의 내란으로 영국 귀족의 수가 절반으로 줄어들었고, 그로 인해 왕권의 강화됨에 따라 헨리 8세와 엘리자베스 1세로 이어지는 절대왕권시대를 열 수 있었다.

프랑스에 비해 객관적 전력에서도 앞섰고 전쟁 전반기에 승기를 잡았음에도 결과적으로 100년전쟁에서 패배하자 영국 왕실의 권위는 바닥까지 추락하고 말았다. 여기에 랭커스터 가문의 국왕 헨리 6세는 그 추종자들이 소수파였던 탓에 재위기간 내내 거의 무정부상태에 가까웠다.

이렇듯 왕실과 정부가 무력해지자 전쟁에서 돌아온 병사들은 정부 대신 지방 귀족영주들에 합류했고, 그 결과 지방세력을 키우는 요인으로 작용했다. 그럼에도 헨리 6세는 무기력했고 급기야는 정신이 혼미하여 국정이 왕비인 '앙주의 마거릿'에 의해 좌지우지되는 지경이 되고 말았다.

이런 때에 귀족동맹의 지지를 받아 헨리 6세의 섭정을 했던 것은 요크 가문의 공작 리처드였다. 하지만 왕비와의 권력싸움이 만만치 않았고 헨리 6세가 다시 마거릿에게 힘을 실어주려 하자 내란을 일으켰다. 비록 리처드는 기습공격을 당해 사망했으나, 그의 맏아들이 헨리 6세를 비롯한 랭커스터 가문을 스코틀랜드로 쫓아내고 1461년 에드워드 4세로 즉위했다.

그런데 이 승리는 귀족동맹의 힘에 의한 것이었으므로 승리한 세력은 다시금 내분으로 빠져들 수밖에 없었다. 귀족동맹을 이끈 워릭 일파가 왕권을 무시하기 시작한 것이다. 특히 외교문제에 있어 심각하게 대립했다.

결국 1469년 또 다시 내전이 시작되었다. 워릭과 반항적인 에드워드 4세의 동생 클래런스 공작 조지가 북부에서 반란을 일으킨 것이다. 다행히 1년여 만에 에드워드 4세는 통치력을 회복했다. 하지만 그게 끝이 아니었다. 도망친 워릭과 클래런스가 헨리 6세와 손을 잡고 다시 공격해 온 것이다. 이로 인해 에드워드 4세는 폐위되고 헨리 6세가 복위했다.

한편 폐위된 에드워드 4세는 추종자들과 함께 네덜란드로 도망갔고, 그곳에서 힘을 모았다. 그리고 1471년 3월 돌아와 워릭을 물리치고, 마거릿과 헨리 6세를 제거하며 왕위에 복위했다. 그렇게 요크 가문의 승리로 마무리되어갈 줄 알았던 1483년, 에드워드의 동생 리처드 3세가 조카인 어린 에드워드 5세를 폐위하고 왕위에 오름으로써 요크 가문 사람들을 따돌렸다.

그러자 요크 가문의 소외된 인원들은 아이러니하게도 지난 30년 동안 싸워온 랭커스터 가문의 헨리 튜더^{헨리 7세}에게 희망을 걸었다. 그로 인해 다시 일어난 내란은 프랑스와 요크파 망명자들에게 도움을 받은 헨리 7세가 1485년 8월 22일 보즈워스평원의 전투에서 리처드를 죽임으로써 끝났다.

이후 랭커스터 가문 헨리 7세는 요크 가문 에드워드 4세의 딸 엘리자베스와 결혼함으로써 요크 가문과 랭커스터 가문의 왕위계승권 주장을 하나로 만들어 명실상부 내란을 종식시키고 튜더왕조를 열었다.

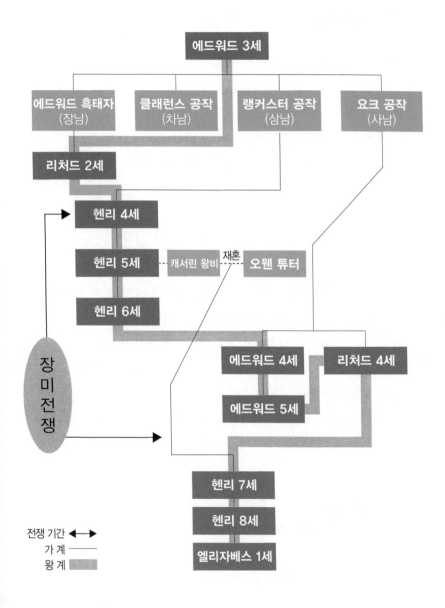

에드워드 3세

에드워드 흑태자
(장남)

클래런스 공작
(차남)

랭커스터 공작
(삼남)

요크 공작
(사남)

리처드 2세

헨리 4세

헨리 5세 ┈┈ 캐서린 왕비 ┄재혼┄ 오웬 튜터

헨리 6세

장
미
전
쟁

에드워드 4세

리처드 4세

에드워드 5세

헨리 7세

헨리 8세

엘리자베스 1세

전쟁 기간 ◄──►
가 계 ────
왕 계

장미전쟁이 일어난 이유는 다음과 같다.

- 100년전쟁에서의 패배, 유명무실한 왕가의 권위
  → 왕비와 랭커스터 가문의 득세에 대한 요크 가문의 반기
- 잉여병력을 소모할 수 있는 상비군 창설의 실패
  → 지방귀족의 사병으로 흡수, 지방귀족의 세력화

　30여 년 동안 벌인 내란에 의한 반복되는 왕위찬탈로 반대세력들은 외국으로도 갔지만 대부분 죽음을 맞았다. 때문에 헨리 7세가 즉위한 후 귀족들의 수는 이전에 비해 절반밖에 되지 않았다. 귀족의 수가 적어진 것은 두 가지 결과로 이어졌다. 첫 번째는 지방에 영주가 일부 사라지면서 지배력에 공백이 생겼다는 것이다. 이는 봉건제도의 붕괴를 의미했다. 두 번째는 귀족의 수적 열세와 양대 가문의 결합으로 왕권이 강화되었다는 것이다. 이는 헨리 8세와 엘리자베스 1세의 절대왕권시대를 펼쳐나갈 수 있게 하는 중요한 밑거름이 되었다.

실전 응용 Delivery

프랑스와 영국의 봉건제도가 무너지게 되는 결정적 요인들을 구분하여 설명하시오.

1791년 5월 3일 헌법

Constitution of 3 May 1791

삼권분립 · 법치주의 원칙을 명시한 유럽 최초의 근대적 성문헌법

• • •

#폴란드-리투아니아연방 #헌법수호전쟁 #포니아토프스키

 3분 개요

폴란드-리투아니아 연방의 헌법으로 1791년 5월 3일 폴란드-리투아니아 연방의회Sejm에서 채택되었다. 유럽에서 제정된 근대적인 성문헌법이며, 세계적으로는 1787년에 제정된 미국의 헌법에 이어 두 번째로 제정된 헌법이다.

현대의 기준에서도 선진적이고 완성도가 높은 민주주의헌법이었으나 채택 당시에는 위험한 사상으로 비판받았다. 특히 본 헌법에 위협을 느낀 폴란드 몇몇 보수파 귀족들은 러시아제국과 프로이센을 자국 문제에 끌어들였고, 그 결과 제2차 폴란드분할을 야기했다.

18세기 폴란드는 전성기의 러시아제국과 프로이센, 그리고 오스
트리아의 틈바구니에 신음하고 있었다. 국왕은 있었으나 어디까
지나 명목상이었을 뿐 국가는 오스트리아의 실질적 지배를 받고
있었다. 또한 과거 전통과 상충되는 자치정부, 낮은 세금에 기인
한 약한 군사력, 그리고 상류층만 자유를 향유할 수 있었던 정
치·사회 제도로 혼란을 겪고 있었다.

여기에 국왕에 비해 강력한 귀족 대표자들의 거부권 남용으로
폴란드 의회는 회기 중에 해산당하는 일조차 빈번했다. 거부권은
일종의 안전장치로 마련된 장치였으나, 기득권을 지키려는 귀족
들의 개혁에 대한 무조건적인 반대에 의해 폴란드는 유럽 열강 속
에서 무정부국가나 마찬가지인 상태가 되어갔다.

이런 때에 러시아제국과 터키 간 전쟁을 틈타 폴란드 왕실의 일
원이자 열성적 개혁파였던 포니아토프스키가 무력을 동원해 정치
제도에 대한 개혁안을 의회에서 통과시켰다. 바로 1791년의 5월
헌법이다.

폴란드 5월 헌법의 가장 큰 특징은 의회입법부 · 국왕행정부 · 법원사법부
의 삼권분립 원칙과 법치주의 원칙을 명시했다는 것이다. 이로써
국왕에게는 입법권이 부여되지 않고 행정의 수반으로서의 역할만
부여 되었다. 반면 실질적 권력의 정점인 국군의 최고사령관은 국
왕이 아닌 의회의 대표, 총리였다.

▲ 〈1791년 5월 3일 헌법을 공포하는 포니아토프스키〉, 얀 마테이코의 그림(1891)

현대의 기준에서 보아도 극히 선진적이고 완성도가 높은 민주주의 헌법이라 할 수 있다. 아울러 귀족들의 무분별적인 거부권을 폐지함으로써 유력자들에 의해 좌우되던 무정부상태를 극복하고 민주주의에 따른 입헌군주제를 도입하고자 했다.

5월 헌법의 제정목적의 중심에는 폴란드의 독특한 전통인 귀족 공화제의 결점을 극복하겠다는 의도가 있었다. 그래서 시민과 귀족이 정치적으로 평등하다고 규정했고, 농민들이 정부의 비호를 받도록 규정했다. 특히 폴란드-리투아니아 연방의 동부지역에서 악화되고 있던 농노제의 악습을 줄이도록 명시했다.

5월 헌법의 중요한 내용을 요약하여 정리하면 다음과 같다.

- 제1조 폴란드는 기독교 국가이나 종교에 대한 자유를 보장한다.
- 제2조 조국에 봉사, 세금납부의 의무가 이행될 때 전통에 따라 귀족의 권리를 보장한다.
- 제3조 도시민은 귀족이 아닌 도시법에 적용되며 자유인으로서 재산권과 상속권을 보장받는다.
- 제4조 농민은 국부의 원천으로서 헌법의 보호 아래에 있으며, 인신의 자유·계약의 자유를 보장한다.
- 제5조 정부 및 사회의 권력은 민족의 의지로부터 시작된다.
- 제6조 의회는 입법기관으로서 다수결제도에 따라 의결하며, 귀족들의 거부권을 금지한다.
- 제7조 국왕이 행정의 수장으로 내각을 담당하고, 귀족의 국왕 선출권을 폐지한다.
- 제8조 사법권은 국왕이나 입법부가 행사할 수 없다.
- 제11조 모든 시민은 민족적 자유의 수호자로서 귀족과 권력을 놓고 대결할 수 있다.

 지식 확장

절대왕정으로서 전성기를 구가하고 있던 폴란드 주변의 러시아제국·프로이센·오스트리아 등은 시민계급을 인정하고 삼권분립으로 국왕의 권력을 축소시키는 5월 헌법의 등장이 반가울 리 없었다. 때문에 위험한 사상이라며 비판을 하고 나섰다.

폴란드 내 귀족들도 마찬가지였다. 농민과 도시민에 대한 귀족의 인신구속의 금지는 귀족들의 입장에서는 자기 재산에 대한 제한이었고, 거부권의 폐지는 정치적 몰락을 의미했기 때문이다. 귀족들은 타고프비차에서 연맹을 맺고 러시아제국 예카테리나 2세에게 병력지원을 요청했다. 이에 1792년 5월 18일 러시아제국군 9만 7,000여 명이 폴란드 국경을 침범했고, 여기에 귀족 반란군 2만 명이 합류하여 민주정부를 공격했다. '헌법수호전쟁'이 발발한 것이다.

그러나 애초에 3만 7,000명 정도에 불과했던 폴란드 정규군이 이길 수 없는 전쟁이었다. 결국 막 만들어진 헌법은 폐지되었고, 권력은 다시 귀족들에게 돌아갔다. 또 러시아제국과 프로이센은 출병의 대가로서 폴란드 영토를 조각내 차지해버렸다.

이후 폴란드는 1795년까지 3차에 걸쳐 주변국에 영토를 분할 점령당한다. 하지만 1791년 5월 3일 헌법의 정신은 그것이 1918년 폴란드가 재건될 때까지 폴란드 주권회복투쟁을 이끄는 원동력으로 작용했다.

실전 응용 Delivery

18세기 말 폴란드와 구한말 조선이 주권을 빼앗기는 과정의 공통점을 폴란드 영토분할과 갑신정변을 비교해 설명하시오.

아편전쟁

阿片戰爭

아편을 내세워 침략한 영국과 청나라 간의 전쟁

· · ·

#임칙서 #동인도회사 #난징조약 #에로호사건

 3분 개요

1840년 청나라가 영국 상인의 아편을 몰수한 사건을 계기로 영국 함대가 중국 본토를 공격하면서 발발한 전쟁이다. 제1차 중·영전 쟁으로도 불린다. 영국군이 양쯔강을 거슬러 올라 난징 목전에 도 달하자 청나라 조정은 난징이 함락되면 황제의 권위가 크게 흔들 리고 민란이 일어날 수 있다는 것을 두려워해 영국의 모든 요구를 무조건 수락, 1842년 8월에 굴욕적인 난징조약을 체결했다. 2년 여 전쟁의 전 기간을 통해 영국군의 전 사상자는 단 520명이었고, 청나라는 무려 2만 명에 달했다. 이후 청나라가 조약을 이행하지 않자 1856년 영국은 프랑스와 연합하여 다시금 청나라에 쳐들어 갔고, 4년간의 전쟁 끝에 수도 베이징까지 점령했다.

영국과 중국의 무역이 시작된 것은 1689년이었지만, 본격적이라 할 수 있는 것은 1715년 영국 상관商館이 설치된 이후였다. 초기에 영국은 중국에서 주로 생사·도자기·차를 수입했지만, 기대했던 식민지 인도에서 생산한 면직물의 수출이 부진해 무역적자를 보고 있었다. 이러한 무역의 불균형 때문에 당시 세계적인 결제수단이었던 멕시코 은화는 자꾸만 중국으로 흘러들어갔다.

이에 영국은 무역의 불균형을 깨뜨릴 새로운 상품으로 아편阿片을 끌어들였다. 산업혁명 이후 무역적자를 해소하기 위해 동인도회사 주도로 인도 뱅갈 지역에서 재배한 아편을 청나라에 밀수출하기 시작한 것이다.

중독자가 늘어나자 마약으로서의 위험성을 자각한 청나라 조정이 아편금지법을 제정하고 단속을 시행하지만 아편의 유행을 막을 수는 없었다. 1780년 1,000여 상자에 불과했던 아편 수입량은 아편전쟁 직전인 1838년에는 4만 상자, 300만 톤을 초과할 정도로 증가했다.

▲ 영국의 아편으로 중국이 중독되었다는 기사를 실은 당시 프랑스 신문 삽화

아편 밀무역이 성행하면서 국내 은이 아편 구입에 사용되어 해외로 빠져나가자 청나라 국가재정의 근본인 은의 가격이 급등했다. 당시 청나라는 일상에서는 동전을 사용했지만, 세금은 은으로 환산해서 납세하고 있었다. 때문에 은의 유출은 국고를 비게 만들었다. 청나라는 아편중독으로 농촌경제 파탄, 국가기능의 마비, 은 유출로 인한 재정궁핍이라는 총체적 문제에 봉착하게 된 것이다.

이에 청나라 8대 황제 도광제는 신하 임칙서林則徐를 광둥에 파견했다. 임칙서는 부임하자마자 외국인에게 포고령을 내렸다. 바로 '남은 아편을 관청에 넘기고 다시는 팔지 않겠다는 서약서를 제출하라'는 것이었다. 그러나 동인도회사는 임칙서가 뇌물을 더 받으려는 것인 줄 알고 흥정을 했다. 하지만 임칙서는 군대를 동원해 외국 상사를 포위했고, 48시간 만에 항복을 받아낸 후 압수한 아편 2만여 상자를 폐기시켜 버렸다.

상황이 이렇게 되자 영국 자본가들은 보복을 위해 자국의 의회를 움직였다. 이에 1840년 2월 윌리엄 멜본을 수반으로 하는 영국의 휘그당 내각은 원정을 의결했고, 4월에서 5월에 걸쳐 영국 상·하 양원이 군사비 지출을 승인함으로써 마침내 전쟁의 막이 열렸다.

1840년 6월 마카오 앞바다에 전권대사 엘리엇을 총사령관으로 한 영국함선들이 4,000여 명의 원정군을 이끌고 나타나 포문을 열었다. 선전포고는 있었으나 영국이 한 것이 아니라 인도 정부가 했으며, 그것도 공격 이후에 했다.

영국군은 톈진 입구에까지 다다를 때까지 거칠 것이 없었다. 애초에 청나라군은 영국군의 상대조차 되지 못했다. 청나라 총독 기선(琦善)은 영국의 대포공격에 겁을 먹고 광저우 무역 재개, 홍콩 할양, 600만 달러의 배상금 지불 등을 내용으로 하는 '천비조약'을 체결해버렸다. 하지만 이는 중앙 정부와 소통이 되지 않은 채 총독의 독단으로 진행된 것이었다. 조약의 체결되었다는 소식에 청나라 도광제는 격노했고, 영국은 영국대로 조약에 따라 홍콩을 강점한 뒤 영국 영토라고 선언했다. 전쟁은 후반전에 돌입했다.

하지만 청나라군은 양쯔강을 거슬러 올라오는 영국군을 대적할 수 없었고, 급기야 난징까지 함락되기 직전에 몰렸다. 영국군의 기세는 곧 북경까지 이어질 태세였다. 결국 도광제는 영국과 강화를 체결할 것을 명했고, 이는 청나라 백성들의 저항으로 난항을 겪고 있던 영국으로서도 반가운 일이었다. 결국 청나라와 영국은 1842년 8월 난징조약을 체결했다.

난징 조약은 전체 13조로서 일부를 요약하면 다음과 같다.

- 홍콩의 할양
- 다섯 개 항구(광저우·푸저우루·닝보·아오이·상하이) 개항
- 영국 영사관 개설
- 아편배상금 600만 달러, 전비배상금 1,200만 달러, 영국의 공행부채 300만 달러 대신 지불
- 수출입관세 협의권

이 외에도 후에 관세에 대한 내용, 영사 재판권, 최혜국 대우, 5개항의 군사 정박권까지 추가되었다.

애로호사건

1856년 10월 8일, 중국인 소유의 영국 해적선 애로호에 청나라 관리가 올라 승무원 전원을 체포하고, 게양되어 있던 영국 국기를 내려 바다에 던져 버린 사건이다. 실질적으로는 해적선을 단속한 사건이었으나 영국은 국기를 모욕당했다며 배상금과 사과문을 요구했다. 요구를 받아들이지 않자 영국은 다음 해 2월 광저우를 시작으로 제2차 아편전쟁을 일으킨다.

그러나 난징조약 이후에도 영국은 기대했던 무역적 성과를 이루지 못했다. 이에 영국은 애로호 사건*을 빌미로 제2의 아편전쟁을 일으켜 중국을 반 식민지화하고자 했다. 프랑스 정부도 선교사 오귀스트 샤프들레느가 처형된 것을 이유로 영국과 연합했다.

영국-프랑스 연합군은 손쉽게 청나라 군대를 격파하며 다시 양쯔강 북단으로 진군했는데 청나라는 다시 위기감을 느껴 전쟁 배상, 기독교 공인, 외국인 통행 허가 등을 담은 톈진조약을 체결한다.

하지만 조약의 비준을 앞두고 협상과정에서 청나라 군대가 연합군을 포격하는 일이 발생해 협상이 결렬되었다. 연합군은 베이징으로 진격해 점령했고 황제는 도망가야 했다. 이후 러시아가 중재하여 청나라와 영국-프랑스 연합군은 베이징조약을 체결한다.

베이징조약으로 인해 청나라는 홍콩 북부의 구룡반도까지 할양하고 양쯔강에 외국 군함이 통행할 수 있게 하는 등 많은 주권을 빼앗겼다. 러시아에게도 중재에 나선 대가로 연해주를 내줘야 했다.

난징조약은 중국이 외국과 맺은 최초의 근대적 조약이었다. 그러나 어디까지나 중국의 양보를 전제로 한 불평등조약이었다. 이는 사실상 청나라가 영국의 반식민지로 전락했다는 의미였다.

하지만 영국은 이전에 광저우에 제한되었던 자유무역항이 5개 지역으로 늘어났음에도 더 많은 개항을 요구했다. 중국 사회의 특성상 수입품을 선호하지 않았다. 영국이 팔고 싶어 했던 면직물은 중국산보다 비싸지만 품질도 떨어져서 개항지가 늘었음에도 영국의 대청 무역수지는 나아지지 않았기 때문이었다. 아편 외에는 수출품이나 수출량이 늘지 않았던 것이다.

영국으로서는 더욱 아편에 매달릴 수밖에 없었다. 그래서 조약 체결 후에도 영국은 아편의 자유화를 빈번히 강요했다. 청나라는 완강히 거부했지만 그럼에도 아편의 밀수입은 계속 성행하여 오히려 전쟁 전보다 배로 증가하는 추세를 보였다. 아편으로 인해 발발한 전쟁이었고 이를 종식시키기 위한 조약이었음에도 아편 그 자체에 대한 논의는 전혀 없었던 이유이기도 하다. 바로 아편 무역을 포기할 수 없다는 영국 의지의 반영이었던 것이다.

그러나 무엇보다 가장 큰 충격은 세계의 중심이라고 자부하던 중국의 중화사상이 외국군대에 짓밟히면서 산산이 깨졌다는 것이었다. 동방의 호랑이라 여겼던 중국이 종이호랑이였다는 것을 국내외로 알린 꼴이 되고 만 것이다. 청나라 조정과 황실의 권위는 추락했고, 국가에 대한 신뢰도 무너졌다. 각지에서 반란이 일어났고, 1851년 '태평천국의 난'까지 터지면서 청나라는 내부로부터 붕괴되어갔다. 서구 제국주의 국가들 역시 너나없이 중국에 달려들었고, 중국은 미국 · 프랑스 · 스웨덴 · 노르웨이 · 러시아 등 서구 열강들과 불평등조약을 체결해야 했다. 아울러 이웃 국가들보다 먼저 개항하여 근대화의 길을 걷던 일본에게는 새로운 패자로서의 욕심을 내게 만들었다.

한편 아편전쟁으로 영국에 할양된 홍콩 · 주룽반도는 1997년 중국에 반환될 때까지 근 150년간 영국의 영토로 있었다. 그리고 영국 자본으로 세워져 아편 대금을 세탁하던 홍콩은행의 돈으로 본토와는 달리 자본주의의 길을 걸었다.

실전 응용 Delivery

아편전쟁이 역사상 가장 부도덕한 전쟁이라고 평가되고 있는 이유와 이 전쟁으로 인한 동북아 정세의 변화를 논하시오.

드레퓌스 사건

L' Affaire Dreyfus

프랑스 군법정에 의한 간첩조작사건

•   •   •

#반유대정서 #민족주의 #에밀졸라 #보불전쟁

 3분 개요

1894년 프랑스에서 포병 대위였던 유대인 출신 알프레드 드레퓌스 Alfred Dreyfus, 1859~1935는 어느 날 스파이 혐의로 체포되어 별다른 물증도 없이 종신형을 선고받게 되었다. 드레퓌스 가족의 노력으로 11월 헝가리 태생의 에스테라지가 진범임이 밝혀졌지만 군부는 자신의 무능과 실수를 덮기 위해 진범을 놓아주었다. 이후 프랑스 여론은 둘로 나뉘어 대립했다. 결국 드레퓌스는 무죄판결을 받았고, 드레퓌스를 지지한 지식인들이 힘을 얻으면서 프랑스 공화정의 기반을 다지는 계기가 되었다.

사건의 시작은 1894년 9월 말, 프랑스 육군 참모본부 정보부가 파리 주재 독일대사관 우편함에서 편지 한 장을 몰래 입수하면서부터였다. 수취인은 독일대사관에 근무하는 무관인 막스 폰 슈바르츠코펜 대령이었다. 편지에는 120밀리 대포의 사용 및 취급방법, 국경수비대 관련 설명서 등 프랑스의 군사기밀이 담겨 있었다. 프랑스 정보부는 스파이의 소행으로 보고 즉각 수사를 개시했다.

정보부는 그런 정보를 취급할 수 있으려면 참모본부에 근무하는 장교일 것이라고 판단하고 그들이 작성한 서류와 편지에 적힌 필적을 대조했다. 그러나 일치하는 것이 없었다. 하는 수 없이 참모본부의 견습장교들까지 조사했고, 마침내 알프레드 드레퓌스 대위에 주목했다.

정보부의 수사책임자 뒤 파티 드 클랑은 드레퓌스를 의심하여 그와 관련된 자료들을 수집했다. 사실상 의심의 이유는 그가 유대인이라는 것뿐이었다. 그는 자신의 의심이 맞다는 것을 증명하기 위해 드레퓌스가 쓴 문서들의 필체와 스파이의 필체가 유사하는 내용을 상관에게 보고했고, 보고는 곧바로 국방장관에게까지 올라갔다.

프랑스 군대를 재건할 자질이 없다는 비판을 받고 있었던 당시 국방장관 오귀스트 메르시에게도 이번 사건은 비난을 모면할 돌파구였다. 드레퓌스가 진범이라면 전쟁에서 진 이유가 배신자 때문이라는 것을 증명하는 것이나 다름없었기 때문이었다.

메르시는 뒷조사로 드레퓌스의 아버지와 형제가 전쟁 후 독일 땅이 된 알자스 지방에 살고 있음을 알아내자 범인으로 확신하고 최고의 필적감정 전문가에게 의뢰했다. 결론은 '다르다'였다. 그러자 필적감정 전문가가 아닌 자에게 또 다시 의뢰해서 억지로 '동일하다'는 결론을 얻어냈다.

▲ 당시 프랑스 신문에 실린 드레퓌스의 군적 박탈식

유대인 알프레드 드레퓌스는 변호인도 허용되지 않은 상태에서 반역죄로 유죄판결을 받았다. 다른 사람이 범인일 수 있다는 의견도 있었으나 반유대주의와 반독일주의에 의해 가볍게 묵살되었다. 드레퓌스는 종신형과 치욕적인 군적 박탈을 선고받았고, 불명예 전역된 뒤 프랑스령 기아나의 악마섬에 유배당했다.

그로부터 2년 뒤 정보부는 우연한 기회에 진짜 간첩 에스테라지를 적발하게 되었고, 드레퓌스는 무죄이며 진범은 에스테라지라는 것까지 알게 되었다. 그러나 사건의 진상은 참모본부 상부에서 묵살되었고, 진범은 무죄로 풀려났다. 게다가 진상을 발견하고 보고한 조르쥬 피카르 중령은 군사기밀 누설죄로 체포되었다.

그런데 그렇게 덮일 줄 알았던 사건의 진상이 만천하에 공개되는 일이 일어났다. 피카르 중령이 수집했던 증거자료가 신문사에 의해 공개된 것이다. 그러자 에밀 졸라를 비롯한 다수의 지식인과 〈르 피가로〉와 같은 일부 신문사는 에스테라지가 범인이고 드레퓌스는 무죄라고 주장했고, 반유대주의 감정에 휩싸인 대부분의 언론사는 드레퓌스가 범인이라고 주장했다. 〈라 크루와〉와 〈르 펠렝〉 등 가톨릭 계열 주요 일간지와 지방신문들은 반드레퓌스파들을 공개적으로 지지하는 동시에 민족주의를 찬양하고 유대인들을 적국국민, 독일이 파견한 스파이라고 매도하는 데 앞장섰다.

이후 가톨릭과 결탁된 기존 정권이 선거에서 패배한 1904년에 드레퓌스의 재심이 다시 열렸다. 그리고 1906년에서야 무죄가 선고되어 모든 혐의를 벗고 복권이 되었고, 육군에 복직했다.

 지식 확장

드레퓌스사건의 원인은 반유대주의와 반독일주의에 있다.

1870년 7월 19일, 나폴레옹의 신화를 재건하고 싶었던 프랑스 황제 나폴레옹 3세는 프로이센에 전쟁을 선포했다. 보불전쟁이 시작된 것이다. 그러나 프로이센은 이미 전쟁에 충분히 대비한 상태였다. 실상 통일 독일을 꿈꾸는 재상 비스마르크가 유도한 전쟁이기 때문이었다.

전쟁 개시 두 달도 채 지나지 않아 프랑스 군 주력부대가 섬멸

당하고 황제는 포로로 잡혔다. 이에 프랑스 국민들은 파리 시내에 바리케이드를 치고 국민방위군을 설립하여 항전했다. 그러나 비스마르크가 파리에 포위망만 구축하고 외부의 물자반입을 차단하자 끝내 1871년 1월 28일에 항복하고 말았다. 이로써 보불전쟁이 끝나고 유럽의 주도권이 통일에 가속을 붙인 독일로 옮겨갔다. 반면 프랑스는 전쟁배상금 50억 프랑과 알자스-로렌 지방을 독일에 내줘야 했다.

한편 보불전쟁의 패배는 프랑스 국민으로서는 받아들일 수 없는 치욕이었다. 자신들이 약해졌다는 것도, 독일이 강해졌다는 것도 인정할 수 없었다. 대신 누군가 조국을 배신했을 거라는 강한 의심을 품음으로써 패전을 합리화하려 했다. 이때 작용한 것이 유럽 대륙에 깊게 뿌리 내려 있던 반유대정서였다.

원래 프랑스는 혁명정신에 입각하여 유럽에서 가장 먼저 유대인에게 시민권을 부여할 만큼 개방적이었다. 그러나 반유대주의를 주장하는 극우 보수단체들의 목소리가 커지면서 전쟁의 명분이 필요했던 시민들의 마음을 파고들었다. 전쟁의 패배에 대한 원인과 희생양으로서 유대인을 선택한 것이다.

역사적으로 유대인들은 과거 로마시대 때부터 종교적인 문제로 갈등을 일으킨 민족이었다. 기독교를 국교로 하는 로마제국에 대항했고, 그 결과 고향에서 쫓겨났다. 여기에 예수를 고발한 민족이라는 원죄까지 안아야 했다. 선민選民사상을 장착한 그들은 자신

▲ 1893년 프랑스 신문에 실린 반유태주의 캐리커처

의 종교와 문화를 유지하면서 정착한 곳에서 '현지화'를 거부한 데다, 땅 없는 유량민족이기에 선택할 수 밖에 없었던 상업과 금융업에서 성공을 거두면서 질시의 대상이 되었다. 이런 이유로 당시 프랑스의 가톨릭 계열 극우 보수신문들은 '유대인은 프랑스의 이익을 위해 희생하지 않는다'는 기사들을 쏟아내고 있던 상황이었다. 이런 때에 드레퓌스는 예수를 배반한 유다가 될 조건을 갖춘 적절한 희생양이었다.

이 사건은 프랑스의 각종 모임과 파티 등에서 단연 화제가 되었고, 급기야 편이 완전히 갈라져 폭력이 난무하는 육탄전으로 비화되곤 했다. 지성인들은 정의와 진실을 밝히며 드레퓌스가 국면전환과 군부 내 갈등을 덮기 위한 희생양임을 주장했다. 기성 언론들이 마녀사냥에 편승해 각종 악의적 보도를 쏟아낼 때 에밀 졸라를 중심으로 하는 지식인 그룹은 인간에게 주어진 본질적인 자유는 그 어떤 명분으로도 훼손될 수 없다고 소리높이 외쳤다.

사건 발발 10년 후 드레퓌스 대위의 무고함이 밝혀지면서 자본가와 교회를 비롯한 당시 기득권 사회의 위상은 크게 위축됐다. 그러나 에밀 졸라는 반역자를 돕는다는 시민들의 비난 속에 영국으로 망명했다가 비상식적인 죽음을 맞은 채 발견되었고, 드레퓌스를 유죄로 몰고 간 사람들은 한 명도 처벌받지 않았다. 군 수사기관이 조작에 개입했다는 사실도 인정되지 않았다.

그럼에도 드레퓌스사건은 자신의 실수를 인정하지 않는 절대권력과 자신의 이익을 내세운 언론의 무차별적 비난이 한 개인의 삶을 어떻게 파괴할 수 있는지 보여주는 대표적인 사례로 확실히 역사에 기록되었다.

한편 드레퓌스사건 이후 재판과정에서 반유대주의를 통감한 오스트리아 신문의 유대인 기자 테어도어 헤르츨은 '예루살렘으로 돌아가자'는 시오니즘운동을 주창했고, 이에 많은 유대인들이 동참하기 시작했다. 이는 1948년 이스라엘이라는 국가를 수립하게 되는 계기가 되었다.

실전 응용 Delivery

피의자 인권보호를 위해 1953년 제정된 '피의사실공표죄'의 의미를 드레퓌스사건을 예로 논하시오.

피의 일요일
Blood Sunday

시위 중인 북아일랜드 시민에게 영국 공수부대가 총격을 가한 사건

· · ·

#IRA #아일랜드공화군 #브렉시트

 3분 개요

1972년 1월 30일 북아일랜드 데리에서 영국계 신교도와 동등한 권리를 요구하며 행진하던 비무장 가톨릭교도들을 향해 영국 공수부대가 무차별 총격, 14명이 사망한 사건이다. 당시 영국 정부는 시위대를 무장폭도로 규정하고 무장폭도들의 선제발포에 군이 응사하면서 우발적인 총격전이 벌어졌다고 조작했다.

그러나 재조사 결과 '발포도 영국군이 먼저 했고, 발포과정에서 아무런 사전경고도 없었으며, 사망자들은 대부분 달아나거나 부상자들을 돕다가 총탄을 맞고 숨진 것'으로 드러났다. 이 사건으로 아일랜드공화국군 IRA가 본격적인 무장투쟁에 나서게 되었다.

영국의 아일랜드에 대한 침략의 역사는 12세기로 거슬러 올라간다. 8세기부터 시작된 바이킹족의 침략이 어느 정도 누그러지자 1172년_{헨리 2세 재위} 영국은 아일랜드를 침략했다. 그러나 이때의 지배는 켈트족의 끈질긴 저항으로 오래가지 못했다. 그러다 1534년 아일랜드는 헨리 8세의 대규모 침략에 굴복, 이후부터 오랫동안 영국의 지배를 받았다.

영국은 식민지정책의 일환으로 전통적인 가톨릭국가였던 아일랜드에 신교도였던 영국민들의 이주정책을 감행하여 많은 신교도들이 정착하게 만들었다. 그러나 아일랜드는 영국의 동화정책이나 이주정책에 저항하며 격렬한 독립운동을 펼쳤다. 그 결과 마침내 1922년에는 자치를, 1949년에는 완전한 독립을 쟁취했다. 단, 신교도들이 많이 거주하고 있던 북아일랜

북아일랜드

드 지역만은 자신의 관할 아래 남겨 두었다. 북아일랜드 지배층, 바로 영국계 신교도들이 아일랜드계의 박해를 걱정해 스스로 영

국령으로 남는 선택을 한 것이었다.

불완전한 독립 이후 북아일랜드의 갈등은 뻔한 일이었다. 북아일랜드 민족주의자들은 가톨릭교도를 중심으로 영국의 지배에 저항했고, 영국에서 이주해 온 영국계 신교도들은 계속해서 잔류를 희망함으로써 두 민족 간 갈등이 표출되기 시작한 것이다. 이러한 갈등은 과거 가톨릭교인들을 몰아내고 모든 분야에서 기득권을 획득한 영국계 신교도들이 아일랜드의 정치·경제적 주도권을 쥐고 토착민들을 억누르고 차별했던 탓에 더욱 심각해졌다.

이에 아일랜드 가톨릭교도들은 1968년부터 차별에 항의하는 민권운동을 본격적으로 펼쳐 나갔고, 1969년부터는 아일랜드공화국군IRA, Irish Republican Army의 무장투쟁으로 전개되었다. IRA는 원래 영국으로부터 북아일랜드 독립과 아일랜드의 재통일을 위해 1919년에 가톨릭교도를 중심으로 결성된 무장투쟁 조직이었다. IRA의 활동이 본격화되자 북아일랜드 영국계 신교도들은 얼스터민병대를 조직하여 IRA에 대항했다. 이런 때에 영국이 북아일랜드의 자치권을 회수해버렸다1972.

1972년 1월 30일 일요일, 아일랜드계 가톨릭교도들은 데리에 모여 행진을 했다. 북아일랜드 자치권 회수를 반대하고 영국계 신교도와 동등한 권리를 요구하고 나선 것이다. 그런데 여기에 영국 공수부대가 선전포고나 위협사격도 없이 낙하산을 타고 내려와 무차별 총격을 개시했고, 14명의 민간인들이 총탄에 쓰러졌다. 대부분 10대였다.

비극은 또 다른 비극을 불러왔다. IRA가 영국과 영국계 신교도에 대한 무차별 폭탄테러에 들어간 것이다. 복수심에 불탄 젊은이들이 자진해서 IRA에 입대하는 등 사태는 악화되어만 갔다. 이렇게 시작된 북아일랜드 분쟁은 양측의 테러로 29년간 약 3,200명에 이르는 사망자를 낳았다.

▲ IRA와 영국 정부의 유혈충돌

수십 년간 계속된 유혈충돌을 평화적으로 해결하려는 영국과 아일랜드 간의 노력은 계속되었다. 그러나 번번이 무산되다가 1997년 IRA가 휴전을 선언하자 신교도계 과격파들도 이에 적극 호응하면서 북아일랜드에 평화의 전조를 보이기 시작했다. 여기에 국제사회의 노력이 더해지면서 마침내 영국, 아일랜드, 북아일랜드 신구교도를 대표하는 정당들이 참석한 다자회담이 1998년 4월 개최되었고, '북아일랜드 평화협정'이 극적으로 타결되었다.

북아일랜드 평화협정에는 1972년 이래 영국이 갖고 있던 입법·행정권을 북아일랜드 자치정부가 회수하고, 아일랜드와 북아일랜드 인사들로 구성된 국경위원회를 창설한다는 내용이 포함되었다. 추가적으로 평화보장을 위한 정부 간 기구를 창설해 협력을 약속했다. 그러나 IRA의 무장해제, 영국군 주둔문제를 두고 이견을 보이면서 회담은 결렬과 재개를 반복했고, 영국이 끝내 2000년 2월 8일 하원에서 북아일랜드에 대한 영국정부의 직접통치를 부활하는 법안을 찬성 352, 반대 11의 압도적인 차로 통과시킴에 따라 북아일랜드 자치체제는 원점으로 회귀하고 말았다. 한때 아일랜드로 편입하기 위한 투표를 하겠다는 주장이 제기되기도 했으나, 관련 여론조사에 따르면 영국에 잔류하는 것에 66%가 찬성하면서 아일랜드와의 통합에 부정적인 것으로 나타났다.

한편 IRA는 2005년 무장해제를 선언했고, 현재 극소수 원칙주의자를 제외한 IRA는 공식적으로 해체된 상태다. 그러나 여전히 산발적으로 테러가 일어나고 있다.

 지식 확장

현대 유럽에서 일어난 대부분의 분쟁은 동구권에서 발발했고, 시기적으로는 탈냉전 이후 발생되었으며, 대부분 정리된 상태다. 그런 의미에서 북아일랜드 분쟁은 아직도 해결의 실마리를 찾지 못하고 진행되고 있는 가장 오래된 분쟁이라 할 수 있다.

내부적으로는 그 지역에 살고 있는 영국계 신교도와 북아일랜드계 구교도 간의 종교갈등이지만, 실질적으로는 지배권을 놓지 않으려는 영국과 북아일랜드의 독립을 주장하는 북아일랜드 구교도 사이에서 발생한 지배권분쟁이다.

한편 피의 일요일 사건에 대해 영국 정부 및 군은 줄곧 시위대 측에서 먼저 총격을 가해 이에 응사했고 군인들은 명령에 따랐을 뿐이라고 책임을 회피해왔다. 이에 평화협정 이후 유족들은 책임자 단죄를 줄곧 요구했고, 진상규명조사단이 꾸려지고 12년에 걸쳐 2,000명이 넘는 목격자 증언과 12만 5,000페이지에 달하는 증거자료를 수집한 끝에 2010년 데이비드 캐머론 총리의 공식사과와 처벌약속을 끌어냈다. 그로부터 다시 9년이 흐른 뒤에야 마침내 발포 책임자를 살인혐의로 법정에 세울 수 있었다.

오늘도 데리는 도시 곳곳의 성벽과 구교도들의 거주지와 같은 피의 일요일 당시 현장을 있는 그대로 보존해 그날의 아픔을, 북아일랜드인들의 고뇌를 되새기고 있다.

그런데 북아일랜드에 다시 세간의 이목이 집중되고 있다. 바로 영국과 EU의 브렉시트^{영국의 EU 탈퇴} 재협상이 북아일랜드 문제를 풀지 못해 진통을 겪고 있기 때문이다. EU는 북아일랜드를 EU의 상품·서비스 관세동맹에 남기는 방안을 고수하고 있는 반면 영국은 이를 거부하고 있는 것이다. 북아일랜드 민주연합당^{DUP}도 존슨 총리의 브렉시트 해법을 지지할 수 없다는 입장을 공식화하면서 재협상의 타결 가능성은 더욱 낮아졌다.

만약, 영국의 주장하는 대로 북아일랜드가 EU 관세동맹에서 탈퇴한다면 아일랜드섬 내에 국경이 생기게 된다. 그런데 EU와 아일랜드 및 북아일랜드는 브렉시트로 인해 물리적 국경이 들어서는 것을 원치 않는 것이다. 즉, 아일랜드와 영국령 북아일랜드의 국경운영에서 합의점을 찾지 못하고 있는 상태다.

아일랜드와 북아일랜드 사이에 다시 국경을 긋는 문제는 단순히 관세문제가 아니다. 1922년의 불완전한 독립에 대한 회한과 1972년의 피의 일요일 사건에 대한 응어리가 여전히 아일랜드섬에 존재하기 때문이다. 영국 BBC에 따르면 아일랜드와 북아일랜드 국경 지역인 아마·다운·퍼매너·티론·데리 등 40여 곳에서 브렉시트 반대시위가 이어지고 있고, 영국 잔류에 대한 여론도 점차 하락하고 있다.

실전 응용 Delivery

43년 만에 '피의 금요일' 사건의 발포 책임자가 살인혐의로 기소되었다. 이를 통해 과거사 진상규명의 의의 또는 문제점을 논하시오.

시리아내전
Syria Civil War

시리아의 민주화운동으로 시작된 반군과 정부군 사이의 내전

● ● ●

#쿠르드족 #알라위파 #무슬람형제단 #하마의학살

 3분 개요

시리아 내전은 역사상 가장 복잡한 전쟁으로 불린다. 2011년 시작되어 현재까지 진행 중인 전쟁이다. 시리아의 독재정권에 반기를 든 민주화 시위로 시작되었으나 점차 독재정권과의 갈등은 이슬람 시아파 · 수니파 간의 종교갈등과 극단주의자들의 IS^{Islamic State} 창설로 이어졌고, 미국 · 러시아 · 터키 등 여러 국외세력이 자신의 이해관계에 따라 정권 혹은 반군을 지원하면서 대리전 양상을 띠게 되었다. 겉으로 보이는 모습은 내전이나 실상은 국제전인 셈이다.

시리아 인권조사기관 SOHR에 따르면 2011년부터 2015년까지 시리아내전으로 사망한 사람은 25만 명이 넘는다. 그리고 그들 대부분 민간인들과 어린이들이었다.

시리아는 아시아대륙 남서쪽 가장자리에 위치한 지중해 동부 연안국가다. 한반도보다 영토가 작은 공화국으로 1963년과 1966년에 군부의 쿠데타가 일어났다. 쿠데타의 주역 하페즈 알 아사드는 정권을 탈취하고 총리를 거쳐 스스로 대통령이 되어 2000년 사망할 때까지 독재를 이어갔다.

그 과정에서 시아파의 한 분파인 알라위파였던 그는 정부와 군부를 알라위파로 채우고 기득권을 독점하게 했다. 그러나 국민의 대다수는 수니파⁷⁴%였기 때문에 알라위파의 권력독점에 반기가 일어났고, 1982년 6년 동안 무슬람형제단의 봉기로 이어졌다. 그리고 하페즈 알 아사드는 이를 진압하기 위해 초토화작전ᵇ하마의 학살을 자행, 8만여 명의 인명을 희생시켜 국민의 분노를 샀다.

이슬람국가
IS, Islamic State

수니파 이슬람 극단주의 무장단체이다. 이라크에서 각종 테러활동을 벌이다 시리아 내전이 발발하자 시리아로 옮겼다. 바샤르 알 아사드가 반군을 분열시키기 위해 수감 중이던 극단주의자들 석방시켜 세력이 더 커졌다. 2014년부터 미국의 주도하에 서방세력이 IS 격퇴에 착수하면서 전세가 뒤집어졌고, 2019년 3월 23일 시리아민주군(SDF, 반군)이 IS의 마지막 근거지였던 시리아 동부 접경도시 바구즈를 완전히 탈환하면서 IS는 영토를 100% 상실했다.

그런데 2000년 그가 죽은 후 대통령의 지위는 아들 바샤르 알 아사드에게 넘어갔고, 이에 국민들은 2011년 3월 15일 바샤르 알 아사드와 집권당인 바트당의 퇴진을 요구하며 거리로 나섰다. 정권은 국민들의 민주화 시위에 군대를 동원했고, 국민들은 이에 맞서 무장을 하고 반군이 되었다. **이슬람국가***가 이라크에서 시리아로 넘어와 내전에 참여했다. 그 결과 시리아 정부군은 반군과 IS를 동시에 상대하게 되었다.

알 아사드의 독재를 비난하고 시리아 반군을 지원하던 미국 등도 IS를 더 이상 방치할 수 없다는 판단 아래 격퇴전에 나섰다. 미국·유럽연합EU·이란·터키 등이 IS를 몰아낸다는 미명 아래 저마다 시리아에 개입한 것이다. 이들은 자국의 이해에 따라 러시아와 시아파 이슬람 국가인 이란은 정부군을, 미국·영국·독일·터키는 반군을 지원하면서 전쟁은 장기화되었다.

2016년 정부군과 반군 사이에 전면적 휴전을 합의하는 등 진전을 보이기도 했으나, 정부군의 독가스공격과 여러 지역에서의 분쟁으로 철회되었다. 나아가 미국·영국·프랑스는 정부군의 독가스공격에 대한 반격으로 시리아의 수도를 공습하기도 했다. 오늘날 지난한 싸움 끝에 IS는 사실상 궤멸 상태에 몰렸으나, IS 격퇴를 빌미로 모였던 국가들은 시리아에서의 영향력을 유지하기 위해 물러설 기미를 보이지 않고 있다.

한편 시리아내전에서 반군의 핵심으로 떠오른 민족이 바로 쿠르드족이다. 이들은 독자적인 국가를 가지고 있지 않은 민족 중 그규모인구 약 3,300만 명로는 가장 크다. 종교는 대부분 이슬람교 수니파, 언어는 독자적인 쿠르드어를 사용한다.

제1차 세계대전 때 독립국가를 건설해주겠다는 영국을 믿고 오스만제국을 무너뜨리는 데 일조했으나, 약속은 지켜지지 않았고 이들의 터전은 이후 영국과 프랑스에 의해 만들어진 자의적인 국경선에 의해 분리되어 45%는 터키, 24%는 이란, 18%는 이라크, 6%는 시리아로 흩어지고 말았다. 제2차 세계대전 이후에도 끊임없이 분리독립을 요구했지만, 이해당사자인 터키·이라크·이란·시리아는 모두 이들의 요구를 탄압하고 심지어 쿠르드족 민간인에 대한 집단학살까지 자행했다.

이런 상황에서 시리아내전은 쿠르드족으로서는 독립을 이룰 수 있는 절호의 기회였다. 여기에 미국은 반군으로서 역할을 수행하면 독립시켜주겠다는 약속을 해주었고, 이에 쿠르드족은 미국이 제공해준 무기를 들고 반군이 되어 최전선에서 정부군과 싸웠다. 그러나 이 과정에서 세력이 커지자 쿠르드족의 독립에 반대하는 터키가 입장을 바꿔 러시아의 묵인 아래 쿠르드족에 대한 무력공격을 전개하기 시작했다.

하지만 현재 쿠르드족에게 독립을 약속한 미국은 쿠르드족을 외면하고 있다. 미국으로서는 러시아 흑해함대를 틀어막기 위해서는 터키와의 협력이 반드시 필요하기 때문이다. 미국은 시리아에서 철수하겠다는 발표까지 한 상태다. 앞으로는 세계경찰이라는 지위를 버리고 불필요한 전쟁에 참전하지 않겠다는 선언이었지만 실상은 쿠르드족 거주지역에 석유가 없다는 것이 가장 큰 이유였다. 자본의 논리에 국제맹약이나 평화를 내팽개쳤다는 비난을 미국이 받고 있는 이유이기도 하다.

결국 터키는 2019년 10월 9일 군사작전을 개시, 시리아의 쿠르드족과 자국의 쿠르드 독립세력을 분리하는 데 성과를 거뒀다. 한편 러시아는 미국의 빈자리를 꿰차며 중동의 중재자로 떠올랐다. 독립을 위해 싸워온 쿠르드족의 희생이 또 한 번 배신을 당한 셈이다.

 ## 지식 확장

시리아에서 벌어지고 있는 참극은 내전이라고 부르고는 있지만 실제로는 열강들의 대리전이자 종교전쟁이다. 그래서 그 규모가 정부군 10만 명에 반군 15만 명 정도로 작음에도 9년여 기간 동안 지속되고 있는 것이다. 애초에 길어질 수 없는 전쟁이었음에도 강대국들은 각자의 이유로 정부군과 반군을 지원하고 있다.

미국, 터키, 러시아 등의 국가들이 시리아내전에 개입한 이유는 다음과 같다.

	특 징
미 국 E U	화학무기 사용에 대한 인도주의 차원의 응징 중동 내 영향력 유지 러시아 흑해함대의 저지
러시아	알 아사드 정권 비호(유엔안보리에서 시리아 제재안 부결 주도) 중동 내 영향력 강화
터 키	쿠르드족 분리독립 저지 시리아·이라크 내 쿠르드족 억압 및 소멸 획책
이 란	시리아에서 레바논으로 이어지는 시아파의 초승달벨트 구축 확립 반미전선 구축의 명분 확보
사우디 이스라엘	알 아사드 정부 축출 지지 미국의 입장 지지

현재 시리아내전은 새로운 국면에 직면해 있다. 미국은 철수를 공표함으로써 터키의 쿠르드족 거주지역에 대한 공격을 묵인했고, 미국의 영향력이 퇴조하자 러시아가 그 공백을 메우고 있다. 급박하게 러시아·터키 정상회담을 열어 쿠르드족 민병대를 터키가 설정한 안전지대 밖으로 축출하고 러시아군과 터키군이 공동으로 해당 지역을 순찰한다는 데 합의한 것이다. 또한 내전 초기부터 연대하고 있던 시리아의 알 아사드 정권이 관할하는 지역을 확대하고 정권의 통치를 강화하는 데 협력하고 있다.

한편 대한민국은 쿠르드족 문제에 직접 관여하지는 않고 있다. 우리나라와 직접적 접점이 있는 외교사안이 아니기도 하지만, 쿠르드족을 강경진압하고 있는 터키가 우리에게는 중요한 군수물자 수출국이면서 외교적으로도 상당히 가까운 관계이기 때문이다. 국제사회에서 영원한 적도 없지만 영원한 친구도 없다는 것을 시리아내전이 다시 한 번 증명하고 있다.

실전 응용 Delivery

1921년 6월 28일 대한독립군은 러시아 스보보드니(자유시)에서 '자유시참변'을 겪었다. 제1차 세계대전과 시리아내전까지의 쿠르드족 역사와 우리의 자유시참변의 공통점을 비교하고 국제사회에서 생존을 위한 외교적 전략에 대해 논하시오.

Fast Food Humanities

PART 2

패스트푸드 인문학

정치·경제

앙시앵레짐

Ancien Régime

1789년 프랑스대혁명 이전의 절대군주제, 구체제

• • •

#전제군주제 #루이14세 #콜베르주의 #제3신분

 3분 개요

프랑스대혁명 이전 프랑스의 낡은 정치제도의 특징을 일컫는 말이다. 용례를 살펴보면 '구체제나 구제도, 구체제에서 지배층에 속했던 사람들'로 해석된다. 그 기원을 따지면 루이 14세 시절과 같은 초법적 군주제를 프랑스대혁명 이후의 정치제도에 비견하여 상대적으로 비판하기 위해 탄생한 용어다. 오늘날에는 절대군주제에 한정하지 않고 정치적으로나 사회적으로 타도·개혁의 대상이 되는 개념을 모두 아우른다.

혁명 전 프랑스는 부르봉 왕가에 의한 절대왕정이었고, 그 정점에 루이 14세가 있었다. 프랑스를 유럽의 강대국으로 키워낸 루이 13세가 갑작스레 사망하면서 5세에 즉위한 루이 14세는 23세에 재상제를 폐지하고 친정을 선포했다. 자신이 직접 고문관회의를 주재, 결정사항을 집행했다. 또한 왕의 명령에 따라 손발처럼 움직이는 관료의 조직망을 전국적으로 설치했다. 더 나아가 파리고등법원의 칙령심사권을 박탈함으로써 법원을 단순한 최고재판소로 격하시켰다.

이로써 행정과 사법을 틀어쥔 루이 14세는 중상주의의 정책을 채택하고 무역과 산업을 육성하는 동시에 플랑드르전쟁, 네덜란드전쟁, 아우크스부르크동맹전쟁_{팔츠계승전쟁}, 에스파냐계승전쟁을 통해 유럽의 절대강자로 부상했다. 행정과 사법권에 이어 막강한 경제력과 군사력까지 얻게 되자 루이 14세는 '살아 있는 법률'과 같은 존재로서 무소불위의 권력을 소유한, 전제군주제의 상징이 되었다.

그러나 그의 재위 기간 프랑스 국민의 생활 수준이 개선된 것은 아니었다. 프랑스의 왕실 재정은 부유해졌지만 백성들의 삶은 잦은 전쟁에 갈수록 피폐해졌다. 당시 루이 14세의 재정고문이었던 콜베르는 왕실의 곳간을 채우기 위해 시장에 각종 규제를 시행하고 국가 독점사업을 계속 늘려나갔다_{콜베르주의}.

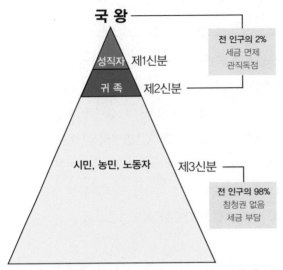

국 왕

성직자 제1신분

전 인구의 2%
세금 면제
관직독점

귀 족 제2신분

시민, 농민, 노동자 제3신분

전 인구의 98%
참청권 없음
세금 부담

▲ 혁명 전 프랑스의 신분 구성

귀족들의 수장으로서 권력이 거의 없었던 중세의 군주와 달리 절대왕정, 전제군주제에서의 군주는 전지전능한 권한으로 나라와 국민을 제약 없이 통치했다.

그것은 혁명 전 프랑스도 마찬가지였다. 당시 프랑스는 절대권력자 군주를 정점으로 그 아래 3개의 신분이 있었다. 그런데 제1신분 성직자와 제2신분의 귀족은 특권층으로서 세금면제의 혜택을 받으며 연금수령, 관직독점은 물론이고 전 국토의 30%가량을 소유했다. 반면 제3신분을 구성하는 시민, 농민, 노동자들은 온갖 의무 활동에도 불구하고 저임금과 과중한 세금에 시달려야만 했다.

이런 와중에 루이 16세로 이어지는 부르봉 왕가의 사치와 제3신분이 대부분이었던 신교도들에 대한 박해낭트칙령 폐지, 그리고 연이은 전쟁으로 국내 산업이 타격을 받자 제3신분의 불만이 극에 달했고, 그 불만은 마침내 혁명으로 분출되었다. 이때 앙시앵레짐은 혁명세력들에 의해 혁명 이후의 정치체제와 대비되는 의미로 사용되었다.

우리 사회에도 특별한 계급이 있다. 프랑스대혁명 전 98%의 국민을 지배하고 착취하면서도 아무런 의무도 지지 않았던 2%의 특권층처럼 우리나라 소득 상위 1%는 국가 총소득의 6분의 1이나 차지하고 있으면서도 각종 탈세 및 조세회피를 자행하고, 빵 하나만 훔쳐도 구속되는 서민과 달리 수십조 원을 회령·배임하고도 집행유예를 받는다. 과거 독재정권의 조급한 경제정책의 산물인 거대자본이 20세기 특권층으로 재탄생한 것이다.

이런 상황에서 대자본과 중소자본의 공정한 경쟁은 불가능하다. 그 결과 중산층은 몰락하고 소득격차는 더욱 벌어져 국민 다수는 빈민화되며, 이는 다시 내수시장 위축 등 장기침체를 초래하게 된다.

프랑스대혁명은 과거 불평등한 제도, 재분배되지 않는 소득, 소수만을 위한 정책으로 대표되는 '앙시앵레짐'에 대한 반발이었다. 그런 의미에서 21세기의 앙시앵레짐도 크게 다르지 않다. 거대자본에 의해 장악된 소득, 무너지는 중산층, 더욱 벌어지는 소득격차, 장기화된 경기침체 등의 자유경제체제의 문제들은 정치체제로의 앙시앵레짐이 갖는 또 다른 모습인 셈이다.

실전 응용 Delivery

오늘날 우리 사회의 종교인과세 문제를 앙시앵레짐과 프랑스대혁명을 통해 논하시오.

공동선
Common Good

사회제도가 지향해야 하는 공동체 구성원의 선(善)한 가치

• • •

#도덕윤리 #공공재 #개인선 #전체주의

 3분 개요

정치학과 경제학에서 사용되는 기술적 용어로 한 사회가 지향하는 공동의 목표와 가치를 말한다. "오직 공동체에 의해 도달되면서도 모든 구성원들에 의해 개별적으로 분배가 되는 것"으로 이해한 아리스토텔레스의 도덕윤리, 공동체주의, 공리주의에 바탕을 두고 있다.

현대사회 물질분배에 있어서의 공동선은 복지국가에서 찾을 수 있다. 복지국가의 목적이 재화가 모든 공동체 구성원을 위하여 분배되고, 정치나 공적 서비스 영역에서 가치들이 최대다수에 부합되게 성취되는 것에 있기 때문이다.

공동선에 대한 초기 개념들을 제시한 것은 고대그리스의 철학자 아리스토텔레스다. 그는 공동선을 지지하며, 사회적으로 영광을 누릴 만한 가치를 사회의 미덕을 키우자고 제안했다. 중세의 토마스 아퀴나스 역시 도덕적 생활에 있어 공동선의 중요성을 강조하는 아리스토텔레스의 말을 언급하며 모든 사람들이 공동으로 추구해야 할 선을 하느님에게 있다고 했다. 이 말은 공동선의 추구가 성경의 계명인 '하느님의 사랑'이고, '이웃에 대한 사랑'을 실천하는 길이라는 의미다.

공동선은 복지나 공익, 공공재 그 자체를 설명하는 개념은 아니다. 복지나 공익이라는 것은 경제적·공리주의적 시각에서 본 공동선의 실현방법이다. 또한 공공재는 이러한 공동선의 구성요소를 가지고 향유의 대상으로 만들어낸 비본질적·실재적인 것으로 볼 수 있다.

공동선은 자유로운 공동체 건설에 기여하는 사회적·정치적 함의를 지닌다. 그리고 항상 개인선(個人善)과 상충된다는 특징을 지니고 있다. 개인선은 개인이 추구하는 가치로 개인의 행복이나 자아실현을 의미한다. 때문에 개인의 자유와 권리를 중시하는 자유주의 국가에서는 국가나 외부의 간섭을 최소화하는 데 중점을 둔다.

그러나 개인선이 지나치게 강조되면 개인이기주의·지역이기주의·집단이기주의가 나타나고, 타인과 공동체의 이익을 훼손함으로써 사회적 갈등을 유발할 수 있다. 반면 개인보다 공동체 전체의 행복과 이익을 추구하는 공동선이 지나치게 강조되면 개인의 희생이 정당화되고, 민족이나 국가를 위한다는 명목 아래 개인의 자유와 권리가 무시될 수 있다. 역사적으로 대표적인 예가 바로 독일나치의 전체주의와 일본제국주의의 군국주의다.

	특 징	부작용
개인선	개인의 행복이나 자아실현 자유주의 국가의 특징 간섭 최소화	개인·지역·집단이기주의 발현 사회적 갈등 유발
공동선	공동체 전체의 행복과 이익 전체주의국가, 복지국가 적극적 간섭·통제	개인의 희생이 정당화 개인의 자유와 권리 무시 나치 전체주의, 일제 군국주의

Size Up 지식 확장

사회계약론에 의하면 시민사회의 기본정신은 각 개인이 시민으로서의 기본적인 권리를 누리되, 다른 사람의 권리도 자기 자신의 권리와 똑같이 존중하고 보호해주는 것이다. 그러므로 시민정신 역시 자기의 권익을 주장하면서도 다른 한편으로는 다른 사람의 권익과 사회 전체의 공익을 준수하는 윤리의식을 바탕으로 해야 한다. 그래야만 사익과 공익은 조화를 이룰 수 있다.

그러나 오늘날 개인선을 지나치게 중시하면서 공동선과 갈등을 빚는 일이 빈번하게 나타나고 있다. 물론 공동선을 지나치게 강조하면 개인의 희생을 강요하게 된다. 공동선을 추구한다고 해서 개인의 희생을 정당화할 수는 없다. 문제는 개인선과 공동선의 조화가 무엇인지에 대하여 합의하기는 어렵다는 데 있다.

이 문제를 해결하기 위해서는 일단 사회제도가 인간의 존엄성을 보호하는 데 최우선의 가치를 두어야 한다. 이 말은 사회제도로 인해 인간의 존엄성이 잃게 되는 사람이나 계층이 있어서는 안 된다는 의미다. 다음으로는 민주적 절차를 통해 다양한 의견을 모으고 합의하는 과정을 통해 모든 사회구성원에게 바람직한 방향으로서의 공동선을 추구해야 한다. 그리고 이 공동선은 한쪽으로 치우치지 않는 공정과 정의를 지향해야 한다. 이런 과정을 거쳐 추구되는 공동선이어야 개인선과 조화를 이루며, 개인의 자기존중과 자아실현을 가능하게 한다.

실전 응용 Delivery

대한민국에서는 도시정비법에 의거하여 재개발 사업 시 지역 구성원이 일정 비율 이상 재개발에 동의할 경우 사업 진행을 위해 미동의자는 강제로 퇴거시킬 수 있다. 사유재산 보호의 관점에서 재건축 동의율 제도의 문제점을 짚어보고, 반대로 이런 제도가 없을 경우 발생할 수 있는 문제점을 짚어본 뒤 자신의 의견을 기술하시오.

신자유주의
Neoliberalism

경제적 활동에 대한 정부의 보호 · 간섭을 철폐하려는 정책방향

• • •

#대처리즘 #레이거노믹스 #공기업민영화 #신제국주의

 3분 개요

시장의 자연성과 민간의 자유로운 활동을 중시하는 경제이론이다. 1970년대 이후, 정부의 시장개입으로 대표되는 이전의 케인스이론에 대한 비판과 초국가적 자본의 세계화를 배경으로 등장했다. 비효율적 국영기업의 민영화, 복지예산의 축소, 최소의 정부, 노동의 유연성 확보 등을 통한 시장의 활성화를 표방한다. 그러나 오늘날 사회불평등 심화의 원인으로 비판받고 있다.

 심화 학습

자유주의는 크게 법률적 · 정치적 · 사상적 자유라는 형식적 자유

와 경제적 자유라는 실질적 자유로 구분된다. 그중 경제적 자유주의는 직업의 선택, 재산의 소유, 사적이윤 추구, 계약 등과 같은 경제활동에서의 자유를 인정하고 그 기능을 충분히 발휘하게 하면 조화와 정의의 원칙에 맞는 경제질서가 실현된다는 주장으로 애덤 스미스에 의해 사상적 기초가 마련되었다.

그러나 애덤 스미스 시기 자유주의의 대상은 오늘날처럼 국민 모두가 아니고, 부르주아 계급이었다. 노동자, 농민에게 참정권이 부여된 것은 애덤 스미스 사후 50년이나 지난 프랑스대혁명[1848] 때부터였다.

자유경쟁의 원리에 따른 자본주의 경제는 산업혁명이 발맞춰 경제규모를 확대시켰다. 그러나 점차 독점 · 빈부격차 · 노동자 인권 유린 · 경제공황 등의 문제를 야기했고, 결국 경제적 자본주의는 수정자본주의를 탄생시켰다.

수정자본주의란 경제활동에 있어 완전고용을 위해 국가의 일부 개입이 필요하다는 주장이다. 존 메이너드 케인스에 의해 주창되었다고 해서 '케인스경제학'으로도 불린다. 그러나 수정자본주의 역시 이를 도입한 국가들이 거듭 실패하고 1970년 다시금 세계적인 불황이 나타났다.

▲ 애덤 스미스(1723~1790)

▲ 존 메이너드 케인스(1852~1949)

그러자 케인스주의 경제정책의 무능력과 민족국가형 경제형태가 글로벌 금융자본의 세계화에 발맞추지 못했다는 비판을 야기했고, 그 결과 다시금 경제적 자유방임주의가 거론되었다. 이때 등장한 이론을 경제적 자유주의를 다시 이었다는 의미로 '신新자유주의'라고 한다.

신자유주의자들은 당시의 경제위기가 무리한 복지정책과 공공부문의 확대, 자본에 있어서의 정부의 지나친 개입으로 초래되었다고 보았다. 즉, 케인스이론에 따른 큰 정부의 실패가 경제위기를 야기했다고 본 것이다.

1980년대 영국의 대처정부와 레이건정부의 경제정책으로 대표되는 '대처리즘Thatcherism'과 '레이거노믹스Reaganomics'는 신자유주의의 대표적인 정책이다. 영국의 수상 대처는 비효율적인 국영기업을 민영화하고 복지예산을 줄이며, 정부의 규모를 축소하면서 세금을 줄이고 노동의 유연성을 확보해 기업환경을 개선함으로써 시장을 활성화하고자 했다. 미국의 대통령 레이건은 '강한 미국'을 주장하면서 복지예산과 환경예산을 축소하고 세금을 감면해 시장의 활성화를 꾀했다.

이런 신자유주의적 전략은 자본의 자유로운 이동을 따라 세계

곳곳에 자리 잡았고, '세계화'와 '자유화'라는 기치를 내걸고 자유 무역과 국제적 분업을 주장하면서 시장개방을 촉구했다. 우루과 이라운드 타결과 세계무역기구WTO ; World Trade Organization의 설립은 자본의 자유로운 이동을 보장하기 위한 것이었다.

	고전경제학	케인스경제학	신자유주의
발 생 원 인	시민계급의 요구	저물가 저성장	고물가 저성장
처 방	공급 강조	수요 강조	공급 강조
주 체	시장(기업)	정부	시장(작은 정부)
정 책	균형정책	뉴딜정책(적자재정)	레거노믹스, 대처리즘
대 표 학 자	애덤 스미스	케인스	하이에크, 프리드만
고 용	보이지 않는 손에 의한 완전고용	정부의 재정지출로 완전고용	노동유연화 (고용 및 해고의 유연화)

▲ 고전경제학 vs 케인스경제학 vs 신자유주의

그러나 모든 나라가 수출을 통해 이익을 얻을 수는 없다. 강한 나라는 점점 더 강해지고 약한 나라는 점점 더 약해지는 악순환의 고리가 계속되었으며, 이는 국가 간 불평등을 심화시키는 원인이 되었다. 개발도상국들은 공산품은 물론 농산물과 서비스 분야까 지 시장을 개방하고 선진국과의 경쟁에서 패배하고 만 것이다.

또한 1990년대 후반 동아시아 금융위기에서 드러난 것처럼 적 절한 규제나 제도개혁 없는 무분별한 금융개방과 자유화는 심각 한 버블과 금융위기로 이어졌다. 시장은 다시 실업 · 빈부격차 등 과 싸우게 되었고, 더불어 세계화라는 미명 아래 선진국은 개발도 상국의 희생을 강요하고 있다.

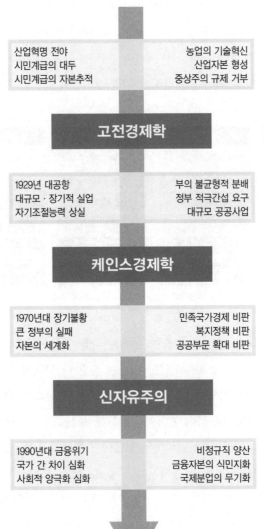

산업혁명 전야
시민계급의 대두
시민계급의 자본추적

농업의 기술혁신
산업자본 형성
중상주의 규제 거부

고전경제학

1929년 대공황
대규모 · 장기적 실업
자기조절능력 상실

부의 불균형적 분배
정부 적극간섭 요구
대규모 공공사업

케인스경제학

1970년대 장기불황
큰 정부의 실패
자본의 세계화

민족국가경제 비판
복지정책 비판
공공부문 확대 비판

신자유주의

1990년대 금융위기
국가 간 차이 심화
사회적 양극화 심화

비정규직 양산
금융자본의 식민지화
국제분업의 무기화

▲ 경제학이론의 발전과정

고전경제학이 빈부의 양극화를 야기했듯 신자유주의 또한 시간이 지남에 따라 여러 가지 문제를 드러내고 있다.

그중 한 가지는 '양극화Polarization'다. 신자유주의는 인플레이션의 억제를 중요시함에 따라 재정·금융의 긴축정책으로 이어진다. 그 결과 중소기업들이 도산하고 실업자가 증가한다. 국가는 시장경제에의 간섭을 최소화한다는 목표 아래 자본가의 조세부담 경감과 노동자층의 고용보장·사회보장제도를 축소하는 정책을 추진해나간다.

이때 기업은 규제의 완화·해제를 기회로 정규직보다는 비정규직을 양산하여 수익을 극대화한다. 이는 노동자 계층의 세력 약화로 이어진다. 승승장구하던 미국의 중산층이 레이건정부 이후 몰락한 것, '요람에서 무덤까지'를 외치던 영국의 복지사업이 대처정부 이후 후퇴한 것 모두 신자유주의를 추진한 결과였다.

'공기업의 민영화'도 신자유주의 행정가들은 정부 지출을 최소화한다는 목표 아래 추진한 정책이다. 그러나 이는 정부독점이 민간독점으로 바뀐 것뿐이고, 장기적으로는 사회보장제도의 재정기반이 되는 정부 수익의 감소를 야기한다. 그러나 가장 큰 문제는 공기업을 인수한 자본이 대부분 외국자본이라는 점이다. 국가기반산업이 외국자본에 의해 좌우되는 지경에 이르게 되는 것이다.

하지만 신자유주의를 경계해야 하는 가장 큰 이유는 국제무역에서 신자유주의의 논리가 20세기 제국주의의 논리와 그 궤를 같이 한다는 것이다. 20세기 제국주의 시절에 열강들은 자본을 무기로 경제를 장악한 다음 정치와 사회를 장악해나갔다. 21세기 선진국들은 신자유주의를 기치로 내걸고 자유무역을 강제하여 값싼 농산물과 소비재를 수입시켜 농업과 중소기업을 도태시키고 경제적으로 종속시킨다.

일본이 반도체 소재에 대한 백색국가에서 우리나라를 제외함으로써 경제보복을 자행한 것도 국제분업과 종속적 경제형태의 결과라 할 수 있다. 글로벌 금융자본은 '국제분업'이라는 명분 아래 싼 노동력을 찾아 메뚜기 떼처럼 국경을 넘는다. 한때 브라질을 커피강국으로 만들었다가 커피생산지를 아프리카로 옮겨버림으로써 브라질의 농업과 경제를 파탄에 이르게 한 것도 거대 글로벌 금융자본이었다.

실전 응용 Delivery

영국의 중산층이 몰락한 이유를 신자유주의의 특징으로 설명하시오.

포드주의
Fordism

분업과 연속공정 방식의 근대적 생산시스템 및 산업패러다임

● ● ●

#헨리포드 #황금시대 #포스트포드주의 #뉴딜

 3분 개요

순환벨트를 통한 일관된 작업과정으로 노동과정을 개편하여 노동
생산성을 증대시키는 근대적 생산시스템을 말한다. 헨리 포드의
자동차회사 분업을 기반으로 한 연속공정방식에서 유래했다.

  작업의 표준화와 분업화를 통한 대량생산공정으로 상품의 가격
을 현저하게 낮췄고, 그 결과로서 상류층의 전유물이었던 자동차
의 대중화를 이끌었다. 단위생산량의 증가는 다시금 임금을 상승
시켰고, 이는 다시 대중의 소비를 증가시켰다. 대량생산과 대량소
비의 시대를 촉발시킨 것이다.

1929년 뉴욕 증권시장의 주가폭락으로 시작된 세계대공황은 실업률 29.4%^{1933년}, 실업자 수 1,500만 명을 기록하며 산업사회에 대한 암울한 전망을 극단적으로 드러냈다. 이에 미국 대통령 프랭클린 루스벨트는 집권과 동시에 이른바 뉴딜정책^{New Deal Policy}을 실시했다. 그 목적은 노동집약적 공공사업을 일으킴으로써 실업자들에게 가능한 한 많은 일자리를 제공하겠다는 것이었다.

성과는 있었다. 그럼에도 100명 중에 15명은 여전히 실업상태였다. 그런 상황에서 제1~2차 세계대전이라는 막대한 비용을 치른 후에야 자본주의 세계경제는 미국의 강력한 헤게모니 아래 재편되고 비로소 황금시대^{Golden Age}라 불리는 번영기를 맞았다. 그 결과 1970년대 미국은 2명당 1대꼴로 승용차를 보유하고 냉장고나 세탁기 등 내구소비재들이 90% 이상의 가정에 보급될 정도로 부유해졌다.

이 같은 황금시대가 가능했던 배경에는 무엇보다 컨베이어벨트로 상징되는 반자동 생산공정의 도입과 그 결과로서 표준화된 제품의 대량생산체제가 구축되어 있었기 때문이었다. 그리고 그것은 자동차 왕 헨리 포드가 구축해놓은 것이었다.

1913년 헨리 포드^{Henry Ford, 1863~1947}는 모델 T를 생산하면서 자신의 자동차공장에 컨베이어벨트로 생산라인을 구축했다. 노동자

앞에 하나 혹은 여러 개의 컨베이어벨트를 배치하여 부품들을 조립하게 한 것이다. 그러자 제품이 표준화되었고, 대량생산이 가능하게 되었다.

하지만 이러한 포드주의는 노동자의 자유를 억압하게 되고, 높은 노동강도를 요구했다. 이에 포드는 일당 5달러라는 당시로서는 파격적으로 높은 임금을 노동자들에게 지불했다. 제한된 노동시간 내에 일정한 생산량을 확보하기 위해 노동강도를 강화하는 대신 상대적으로 고임금을 지불한 것이다. 이로써 노동자는 구매력을 갖춘 소비자가 되었다. 포드공장의 노동자들은 대량생산된 제품을 구매할 수 있는 구매자 집단이 되어갔고, 이는 다시 대량소비로 이어졌다.

여기에 경제공황과 세계대전이라는 국제적 파국의 경험으로 자유방임적 자본주의에 대한 근본적 반성이 이어지면서 반자본주의적 요소들인 '기독교적 사회주의', '사회적 시장경제', '민주주의적 사회주의'에 대한 모색이 이루어졌다. 이에 강력한 국가의 개입을 허용하는 사회·정치적 분위기가 형성되어 국가 주도로 사회 곳곳에 포드주의의 도입이 적극 추진되었다.

▲ 1913년의 포드공장

그러나 제한된 노동시간 내에 일정한 생산량을 확보하기 위해 노동강도를 강화하는 것, 노동과정 안에 남아 있는 자유공간을 제거한 것 등으로 보면 포드주의는 노동자에 대한 자본가의 통제를 보다 확고히 한 체제이기도 하다.

지식 확장

포드주의는 산업·생산의 전 영역에서 있을 수 있는 미래상을 제시한 것처럼 보였으나, 그렇지 않다는 것이 판명되었다. 1970년대에 들어서면서 한계를 드러내기 시작한 것이다.

이러한 포드식 생산체제의 안정성은 노동자의 소비율이 증가하고 생산율이 증가할 때 유지되는데, 실질임금소득과 생산율이 정체되기 시작한 것이다. 여기에 1960년대 후반부터 노동자집단의 저항이 증가하면서 상이한 계급이익을 통합하는 데 실패했다.

포드주의는 자동차 생산처럼 대규모 시장에 표준화된 물건을 생산하는 산업에만 적용될 수 있다는 문제도 있었다. 기계화된 생산라인을 설치하는 것은 막대한 비용이 들고, 생산라인이 한번 설치되고 나면 융통성이 없다는 단점도 드러났다. 더불어 자동화된 생산라인과 비숙련 노동자의 양산으로 인간소외에 대한 문제도 부각되기 시작하면서 포드주의는 위기에 봉착했다.

그 결과 포드주의는 여러 방면에서 변화를 꾀하게 된다. 재교육을 통한 노동과 숙련을 재결합하고, 컨베이어벨트로 대표되는 일관된 생산공정을 대신 유연한 생산공정을 도입하며, 생산공정에 노동자의 적극적 참여을 보장하는 방향을 선회한 것이다. 이러한 변화를 이끈 것이 네오포드주의 Neo- 와 포스트포드주의 Post- 였다.

네오포드주의는 전통적인 대량생산방식과 노동관리법은 그대로 둔 채 생산에 노동자의 직접참여와 전문화를 지향하는 것이다. 하지만 노동력의 가치를 이분하기 때문에 노동자들을 상류층과 하류층이라는 두 극으로 분열시킨다는 문제가 있다.

반면 포스트포드주의는 유연성을 극대화할 수 있도록 직무의 수평적 · 수직적 결합을 통해 분업을 최소화하고, 폭넓은 자율성과 숙련화를 도모하며, 작업만족도를 극대화할 수 있는 작업설계 등을 마련하는 것을 그 내용으로 담고 있다. 작업현장의 민주화와 생산효율을 동시에 달성하고자 하는 것이다.

실전 응용 Delivery

포드주의와 자본주의의 황금시대가 붕괴한 이유를 설명하시오.

사회계약설
Theory of Social Contract

자유롭고 평등한 개인들의 계약에 의해 국가가 성립한다는 학설

• • •

#천부인권 #홉스 #로크 #루소

 3분 개요

자연상태에서는 자신의 자유와 평등을 보장받기 어려웠던 개인들이 계약을 통해 국가를 성립했고, 그 계약은 헌법으로 구현된다는 정치원리다. 근대 시민혁명의 사상적 토대이자 법치주의의 근원이 되었다.

사회계약론 사상가들은 '천부인권사상'에 기초하여 개인의 권리 보장과 국민의 동의에 바탕을 둔 국가를 강조했다. 이때 국가권력은 시민의 권리를 보호하는 수단으로 작용해야 하며, 시민의 권리는 공익을 해치지 않는 범위 내에서 행사되어야 한다고 보았다. 시민의 권리와 국가 권력의 균형 · 조화 · 유지를 중요시하는 것이다. 사상가로는 홉, 로크, 루소 등이 대표적이다.

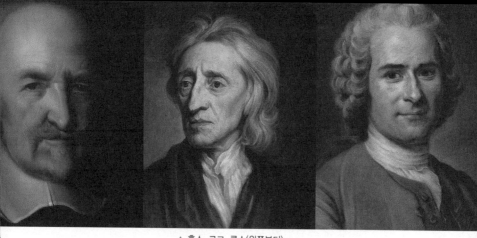

▲ 홉스, 로크, 루소(왼쪽부터)

 심화 학습

고대그리스의 아리스토텔레스는 "사람은 본래 고립되어 살아갈 수 없는 정치적 동물이어서, 이러한 본성 때문에 국가공동체 안에서 살아가는 것"이라고 설명했다.

중세 이후 유럽에서 사회는 '신이 인간에게 부여한 일종의 질서'였다. 국가는 인간이 편의상 만든 것이 아니라 신의 섭리가 담긴 것, 신의 명령으로 만들어진 것이라고 생각한 것이다.

그러나 14세기 이후 기독교가 유럽 사회 전반적으로 쇠퇴하면서 정치적으로는 점차 중세의 지방분권적 사회성격이 약해지고 군주를 정점으로 하는 절대왕권에 자리를 내어주기 시작했다. 철학적으로는 근대 자연법이 대두되면서 인간의 이성이 강조되기 시작했다. 사회적으로는 과학혁명으로 과학적 사고방식이 만개하면서 시민의식이 성장했다. 이런 분위기 속에서 등장한 것이 사회계약설이다.

사회계약론자들은 국가를 사회구성원들 간의 계약에 의해 성립된 것이라고 규정했다.

- 국가가 있기 이전을 자연상태라고 한다.
- 인간은 본디 이기적이다.
- 때문에 국가가 없는 상태, 즉 자연상태에서는 무질서하고 극렬한 '만인에 대한 만인의 투쟁홉스'이 벌어진다.
- 결국 인간은 극렬한 자연상태를 극복하기 위해 계약을 하고 국가를 이룬다.

아리스토텔레스와는 생각이 다르지만, 소수 또는 소집단의 힘만으로는 전체의 질서를 이룰 수 없는 점에서는 견해를 같이하고 있는 것이다.

단, 모든 계약에는 양보와 포기가 따른다. 국가를 이루기 위한 계약도 마찬가지다. 이때 개인이 치러야 하는 대가의 종류와 정도에 대해서는 사회계약론자들 사이에서도 약간의 이견이 있다.

토머스 홉스는 인간을 자신의 이익과 쾌락만을 추구하는 이기적인 존재로 이해했다. 그는 인간이 보이는 이타적인 행위마저도 궁극적으로는 자신의 이익에 부합하는 것이라고 했다. 자연상태에서 인간은 모두 자신을 위해 살아가고 있었고, 자신의 권리를 위해 타인과 투쟁하고 있었다. 홉스는 이러한 상태를 '만인의 만인에 의한 투쟁'이라는 전쟁상태로 규정했다.

인간은 사회와 계약을 맺어 태어날 때부터 가지고 있던 자신의 권리를 일부 양도하는 데 합의한다. 그리고 법률을 통해 타인의 폭력으로부터 자신의 안전과 권리를 보장받는다. 이때 개인의 권리를 양도하는 대상이 바로 국가다.

홉스는 국가가 개인들이 합의에 의해 정당성을 확보하고, 법률에 의해 도덕성을 획득한다고 보았다. 그리고 폭압이나 독재라는 부작용이 있을 수는 있지만, 자연상태의 혼란보다는 억압의 상태가 바람직하다고 생각했다. 과장하면 무정부상태보다는 독재가 낫다는 의미다. 이런 이유로 홉스는 국가를 '필요악'으로 했다.

반면 존 로크는 자연상태의 인간을 신의 모습을 닮은 가장 도덕적이고 평화로운 상태의 존재로 인식했다. 신에 의해 창조된 순간 자유에 대한 기본적 권리인 '자연법'에 의해 평등한 권리가 보장된다고 보았다. 때문에 노동을 통해 생산한 재화에 대해 배타적 소유권, 즉 '사적 소유권'이 있다고 주장했다. 다만 그 결과 사적 소유권에 대한 욕심으로 투쟁, 강도, 사기 등의 문제가 발생하기 때문에 위험에 노출된 사람들이 이 문제를 해결하기 위해 국가를 만들었다고 했다.

자신을 지키기 위해 권리의 일부를 양도하고 계약을 통해 국가를 만들었다는 데에서는 홉스의 주장과 표면적으로 동일하다. 그러나 로크는 국가 형성 계약의 주도자를 당시 자본창출의 주도세력이었던 신흥 시민계급으로 보았다는 점에서 차이가 있다. 새로운 질서를 형성하며 자본가로서 세력을 형성 중이던 시민 자본가 계급과 기존 지배세력과의 갈등에 주목한 것이다.

위 지점에서 국가의 통치력을 필요악이라고 하면서도 계약에 의해 복종해야 한다는 홉스와 달리 로크는 합의된 법률이라도 당초 목적에 어긋나는 방향으로 행사된다면, 즉 정당하지 않은 방법으로 시민을 억압하고 재산을 빼앗는다면 시민이 저항권을 행사해 바로잡을 수 있고바로잡아야 한다고 주장했다.

이러한 로크의 저항의식은 시민혁명의 사상적 기초가 되었고, 민주주의 정치사상의 기반으로 작용했다. 그러나 애초에 시민 자본가계급을 대변했기 때문에 그 외 소외된 계층이나 사회의 불평등은 설명하지 못했다.

장자크 루소Jean-Jacques Rousseau 1712~1778는 로크와 마찬가지로 인간을 자유롭고 선량한 존재로 봤다. 그래서 타인의 불행에 대한 연민도 가지고 있다고 했다. 다만, 계약이 없는 자연상태에서는 도덕적 의무가 존재하지 않으므로 연민의 감정이 시기와 질투로 변질되어 혼란해질 수밖에 없다고 했다. 루소에게 인간은 순수한 어린아이처럼 그저 고등사회를 만들지 못한 존재였을 뿐이었다.

이에 루소는 이 문제를 해결하기 위한 방법으로 교육을 제시했다. 올바른 교육으로 인간 본연의 감정과 인간성을 회복할 수 있다고 한 것이다. 그리고 이런 교육을 실현하기 사회구성원들의 계약과 동의를 받은 국가가 나서야 한다고 했다. 여기까지는 로크의 주장에 교육을 추가한 것이나 다를 바 없다.

그러나 로크가 개인과 국가의 관계를 피지배자와 지배자의 관계로 본 것과 달리 루소는 사회계약을 전체 구성원의 개별의지를 모은 집합적 '일반의지'를 따르는 것이라고 보았다. 즉, 국가가 아닌 일반의지에 자신을 맡겼다는 것이다. 이에 따라 구체제적인 법과 제도, 전제군주 등은 시민을 억압하는 존재이므로 혁파돼야만 하는 대상이며, 이를 혁파하지 못하면 진정한 자유와 평등이 이루어질 수 없다고 주장했다.

그런 점에서 루소의 '일반의지'는 단순히 인간의 개인적인 기대의 집합이 아닌 '공동선'이며, 사적 의지 이상의 가치를 지닌다. 이렇게 생성된 정당성으로 인해 일반의지는 개인의 의지를 억압하면서도 개인의 자유와 이익을 보장하고 공동의 자유와 이익을 추구하는 것이 가능하다.

그럼에도 루소는 대의민주주의가 아닌 소수에 의한 직접민주주의를 주장했다. 그리고 그 방법으로서 '다수결의 원칙'을 제시한다. 투표를 통해 다수결로 정해지는 방향이 공동체 일반의지의 방향이라고 본 것이다. 또한 다수결 제도의 특징상 자신의 의지를 반영하지 못한 소수가 발생한다고 하더라도 다수결 제도를 원칙으로 삼은 사회에 구성원으로서 참여한 이들은 원칙적으로 다수의 지지를 받는 사안이 실행되는 것에 찬성의 의사를 표명한 것과 같으므로 그 결과에 승복해야 한다는 것이다.

	특 징	영 향
홉 스	자연상태 = 투쟁의 상태 질서를 위한 강력한 국가 필요 자연권 전부 양도, 국가에 무조건 복종	절대 군주제
로 크	시민 자본가계급 대변 자연권 일부 양도, 간접민주제(입헌군주제) 국가에 대한 혁명권·저항권 인정	프랑스대혁명 미국 독립
루 소	시민의 일반의지·일방주권 위임 인민주권론·민주주의 옹호 다수결의 원칙에 의한 직접민주주의	인권선언문 프랑스법전

 지식 확장

사회계약론자들의 이론은 정치제도와 시민혁명, 그리고 현대의 민주주의에 영향을 미쳤다. 초기에 재산가와 유산자들에 대한 보호만을 중요시했던 한계를 넘어 국민의 생명과 재산, 그리고 사상의 자유까지 시야를 넓혀 오늘날 국가가 해야 할 역할을 총체적으로 탐구했다.

실제로 루소에 영향을 받은 프랑스 계몽주의자들이 프랑스대혁명 시에 마련한 〈인간과 시민의 권리선언^{프랑스 인권선언문, 1789}〉을 보면 '모든 시민은 직접 또는 대표자를 통해서 법제정에 참여하는 권리를 갖으며, 사상의 자유로운 교환이 인정되며, 공권력 유지를 위한 공공의 과세는 불가피하다'고 되어 있다. 이는 루소가 주장한 시민의 권리와 국가의 역할이 반영된 것으로서 국가는 국민의 생명을 지키는 의무를 지면서 공공의 과세를 통해 얻어진 돈은 국민을 위해 쓰여야 한다는 것이다.

이러한 주장은 사회발전과 정세에 따라 더 큰 정부의 역할을 옹호하게 되면서 현대국가 이념의 기초가 되었다.

그러나 근대의 사회계약론자들에게 자유와 평등을 타고난 개인은 어디까지나 '자유시민'에 국한되어 있었다.

홉스는 "모든 인간은 자유롭고 독립적인 존재이므로 노예제는 자연권에 위배된다"고 하면서도 "노예들이 경작을 하지 않으면 값이 지나치게 올라갈 것"이라고 했다. 로크는 "자신과 다른 생각을 가졌다고 박해하는 자는 괴물"이라고 했으면서도 "사냥개와 개가 다른 것처럼 흑인은 우리와 다른 종류"라고 했다. 루소 역시 "모든 사람은 평등하게 태어났으며 평등한 사회적 대우를 받아야 한다"고 했으면서도 "남성은 강하고 능동적이어야 하고, 여성은 유연하고 수동적이어야 한다. 남성은 힘과 의지의 소유자로서 여성은 이러한 남성에게 저항해서는 안 된다. 여성에게 시민권을 주어서는 안 된다"고 주장했다. 이들은 자신들이 주장한 정치적 원리가 경지에 도달하기 위해서 '태생적 기준'이 있다고 본 것이다. 전근대적인 계급제도와 인종차별과 성차별의 답습이었다.

이들의 사회계약론에는 유럽에 대한 우월주의가 내포되어 있었다. 또한 한때 열풍에 가까웠던, 중국으로 대표되는 아시아에 대한 동경은 18세기와 19세를 거치며 멸시로 바뀌었고, 이러한 태도는 아프리카인에 대해서도 마찬가지였다. 사회계약론이나 계몽주의는 서유럽인 중 남성 시민계급에 국한된 보편원리였고, 유럽 외

인종 및 인간에 대해서는 오히려 차별의 원리가 되었을 뿐이다. 유럽의 문화와 이성을 가진 유럽인이 자신들의 우월성을 주장하는 근거가 되었고, 유럽문화가 비유럽문화에 대해 갖는 지배권을 자연스러운 것으로 믿게 만들어버린 것이다.

그럼에도 사회계약설은 중세 봉건제도와 절대왕정의 시대에 기득권에 예속되어 기본적인 권리조차 누리지 못했던 시민들에게 주체적 개인과 계약적 국가라는 개념을 인식하게 하여 혁명을 이끌어냈다는 데 의의가 있다. 근대 시민혁명의 원동력이자 현대 민주사회를 이끌어낸 사상적 토대였다는 점은 부인할 수 없다.

실전 응용 Delivery

좋은 법과 나쁜 법을 판단하는 잣대를 세운다고 할 때 그 기준을 사회계약설의 관점에서 설명하시오.

행동경제학
Behavioral Economics

인간의 행동과 그 결과를 규명하기 위한 경제학

• • •

#심리경제학 #대니얼카너먼 #리처드탈러 #비합리적행위

 3분 개요

'인간이 합리적이지 않을 수 있다'는 가정하에 심리학의 연구방법을 이용해 인간의 경제행위를 연구하는 학문이다. '인간은 합리적이다'라는 기존 경제학의 대전제가 투기, 공항이라는 커다란 경제위기를 불러오자 명제 자체에 대한 의구심이 일면서 등장했다. 사람이 갖는 여러 사회적·인지적·감정적 이유와 편향에 의해 일어나는 심리학적 현상과 경제현상이 관련이 있다.

대표적인 행동경제학자로는 해당 학문의 발달에 대한 공로로 2002년 노벨경제학상을 수상한 미국 프린스턴대학교 명예교수 대니얼 카너먼과 행동경제학을 연구하여 2017년 노벨경제학상을 수상한 시카고대학교 교수 리처드 탈러가 있다.

행동경제학의 이론은 인간의 행동을 유도·예측할 수 있다는 점 때문에 최근에는 경제·경영 분야에서뿐만 아니라 세계 여러 나라에서 공공정책 분야에 확대·활용되고 있다.

 심화 학습

애덤 스미스의 국부론에서 시작한 현대의 경제학은 근 200년 동안 '인간은 합리적'이라는 대전제이자 가정을 핵심으로 하고 있었다. 인간은 자기 선호에 일관성이 있으며, 자신의 의사결정에 따른 결과와 그에 수반하는 비용과 편익을 누구보다 정확하게 분석할 수 있다는 것이다.

노동가치설이나 보호무역론 등에 의해 경제학의 주류 이론이 깨질 때에도 이 전제는 무너지지 않았다. 그것은 현대에 와서도 마찬가지였다. 케인스도 합리적 인간이라는 가정하에 경제에 효과적인 것이 자율적 시장이냐 정부의 통제냐를 논했다.

이처럼 오랫동안 '합리적 인간'이라는 전제가 깨지지 않았던 이유는 이 가정을 뒤집을 수 있는 새로운 이론이 없었기 때문이었다.

그러나 경제학자들은 21세기의 경제위기를 목도하면서 진정 무의미한 것은 '경제 안에서만 경제를 찾는 것'이라는 걸 인정할 수밖에 없었다. 비합리적으로 투기의 광풍은 선호의 일관성을 무시한 것으로밖에 해석되지 않았고, 또 상황에 따라 선택이 바뀌는 등 우왕좌왕했다. 이에 행동경제학은 주류 경제학의 '합리적인 인간'을 부정하는 데서 시작했다. 물론 인간을 비합리적 존재로 단정 짓지는 않았지만, 상황에 따라 이런저런 선택을 할 수 있는 존재이고, 최대화나 최소화의 원리가 아닌 '만족화'의 원리에 따라 행동한다고 주장한다.

행동경제학자들은 인간이 합리적이지 않다는 것을 증명하기 위해 다음과 같은 인간의 성향을 예로 들었다.

첫 번째 인간의 성향은 '현상유지'다. 사람들은 기존에 내린 자신의 선택에서 벗어나지 않으려는 경향이 강하다는 것이다.

- 선거에서 내가 기존에 1번 후보를 찍었다면 다음 번 선거에도 1번 후보를 뽑을 가능성이 높아진다.
- 농구에서 어떤 플레이어가 3점슛을 연속으로 넣으면 그걸 본 사람들은 다음에도 그 선수가 3점슛을 넣을 것으로 생각한다.

두 번째 인간의 성향은 '공정선호'다. 자신의 최대이익을 계산하고 이를 실현시킬 수도 있음에도 공정한 방향을 선택하는 경향이 있다는 것이다.

- 사과 1개를 다른 사람에게 나눠줄 때 조금만 나눠줘도 되는데 40~50% 정도를 나눠주는 경향이 있다.

- 공공사업 수주를 두고 경쟁하는 경우 규모가 가장 큰 A사업을 수주했다면 규모가 조금 작은 B사업은 경쟁사에게 양보한다.

세 번째 인간의 성향은 '현재편향'이다. 인간은 현재가치보다 미래가치를 크게 과소평가하는 경향이 보인다는 것이다.

- 내일 빵 두 개보다 오늘 빵 하나를 선택한다.
- 저축으로 미래에 더 큰 부를 걸머쥐기보다 오늘날의 소비를 선택한다.

네 번째 인간의 성향은 '전망이론'이다. 도박적 예측을 해야 하는 경우 대체로 주관적 지점을 기준으로 삼지만, 기준 이상의 상황일 경우에는 성공확률이 높은 것으로, 기준 이하일 경우에는 실패확률이 높은 것으로 인지한다는 것이다.

- 사안의 확률과 무관계한 시간, 상대방과의 관계, 표현방법 등에 의해 확률이 바뀐다고 생각한다.
- 도박에서 마지막 승부가 될 경우 자신의 성공확률이 높다고 생각한다.

 지식 확장

행동경제학의 성과는 주류 경제학을 일정 부분에서 보완하는 정도에 그칠 뿐 아직까지는 주류 경제학을 대체했다고 볼 수준까지는 도달하지 않았다는 것이 통설이다. 기존 이론을 대체하려면 행동경제학에서 밝혀낸 이론적인 배경들이 쉽사리 다른 분야에 적용 가능하고, 그 이론을 바탕으로 새로운 상황이 주어져도 높은 확률로 현상을 예측할 수 있어야만 한다. 하지만 행동경제학에서 현재까지 밝혀낸 사실들은 '일관적인 경향을 보인다'일 뿐이다. 실제로 행동경제학 관련 논문들의 '내용은 실험·관찰의 결과 사람들의 행태가 기존 경제학의 예측과 다르다'고 하는 것들이 대부분이다. 이를 응용한 사례들도 체계적인 논증과정을 거쳐 나온 것이 아니라 그때그때 '이런 상황에서는 이렇게 행동한다'는 추측에서 접근한 것들이 많다. 따라서 실패한 사례도 많고, 성공한 사례의 경우에도 항상 그런 결과를 얻지 못하는 경우도 많다. 심리적 문제에 대한 정확한 계산이나 수치화가 불가능하기 때문이며, 일관성이나 체계성 또한 아직까지 부족하기 때문이다.

그럼에도 최근 행동경제학은 단지 주류 경제학에 이런저런 오류가 있다는 것을 지적하는 단계를 넘어 지금까지 주류 경제학의 영역이었던 경제정책 결정에 영향을 미치는 단계로 들어서고 있다.

금융정책 분야에서는 행동경제학이 이미 상당한 영향력을 행사하고 있다. 금융정책을 결정함에 있어 공장가동률, 실업률 등의 경제지표뿐만 아니라 소비자신뢰지수, 기업신뢰지수 등 경제주체의 심리상태 및 분위기를 고려해야 한다는 행동경제학의 주장을 각국 정부가 진지하게 받아들이고 있는 것이다. 군중심리가 경제위기를 가져올 수 있다는 점을 깨달은 정부는 위기발생 가능성이 높아지면 자본이동을 제약하는 과격한 조치를 취하기도 한다.

또한 인간이 때로는 비합리적이라는 점을 고려해 개인과 기업의 자율성을 최대한 보장하는 정책을 펼 것이 아니라 비합리적 행위를 못하도록 일정한 규제가 필요하다는 측면에서 산업정책, 사회복지정책에 대해서도 적극적인 제안을 내놓고 있다.

애초에 행동경제학은 심리학자에 의해, 그리고 심리학의 이론을 차용함으로써 생겨난 학문학이다. 인간의 감정이 의사결정에 미치는 역할을 규명하고자 하는 것이다. 심리경제학으로도 불리는 이유가 바로 여기에 있다. 이런 바탕 위에서 행동경제학은 지난 20년간 주류 경제학의 오류를 끈질기게 지적해왔다.

그렇다 하더라도 그 실험의 결과가 절대적일 수 없고, 항상 같은 결과를 얻을 수도 없다. 때문에 더욱 더 많은 실험을 실시하고 반복팔 필요가 있다. 이제 행동경제학의 과제는 비합리적 인간행위에서 규칙성을 찾아내는 것이 될 것이다.

실전 응용 Delivery

3만 원이 아닌 2만 9,990원으로 가격을 책정하는 홈쇼핑 가격정책을 행동경제학의 특징으로 설명하시오.

참여민주주의
Participatory Democracy

국민의 참여가 정치적 의사결정에 영향을 미치는 정치형태

● ● ●

#운명자결권 #과두정치 #공청회 #숙의민주주의

 3분 개요

정치에 국민의 적극적 참여를 유도하고 실현하는 형태의 민주주의로서 선거를 통한 간접적 참여와 정치과정에 대한 직접적 참여를 모두 아우르는 말이다. 여기에서 '참여'란 민주주의 자체의 정통성의 원천임과 동시에 시민의 '운명자결권'의 행사를 의미하기도 한다.

각종 대통령이나 국회의원 등 공직자 선출선거에 참여하는 것과 개인이 시민단체에서 활동하는 것 모두 직접적 의미의 참여민주주의다. 그 외에도 중앙정부나 지방자치단체에서 정책 사안에 대해 공청회를 개최하는 것, 그리고 시민들이 공청회에 참여하는 것역시 일종의 참여민주주의로 본다.

민주주의의 기원은 고대그리스 아테네에서 찾을 수 있다. 이때의 민주주의는 직접민주주의 형태였으나 4만 명의 아테네 성인 남성 중에서도 겨우 6,000명 정도만 참여하는 제한된 민주주의였다.

오늘날 우리가 알고 있는 선거의 형태, 일반시민 모두가 동등한 선거를 통해 대표를 뽑는 보통선거제도는 혁명으로 절대왕정이 무너지고 공화제가 도입될 때, 바로 18세기 프랑스대혁명과 미국 의 건국과정에서 처음 탄생되었다. 물론 이때의 대의제는 권력을 민중에게 돌려주는 진정한 민주주의가 아니었다. 왕정을 대신하 여 선거에 의한 소수의 특권정치를 고안해낸 것뿐이었다.

투표권도 재산이 있는 남성들에게만 주어졌다. 선거의 의미도 보통시민보다 우월한 엘리트를 시민들의 지도자로 선출하는 일에 한정되어 있었다. 보통선거가 정착되고 여성참정권이 당연한 것 이 된 것은 지금으로부터 얼마 되지 않은 일이다.

참여민주주의에서의 '참여參與'란 사적 모임에의 참여를 말할 때와 달리 결과가 수반되는 중요한 행위다. 참여를 통해 공공정책이 결 정되고 그 정책들이 사회 전반에 걸쳐 구속력을 갖기 때문이다. 따 라서 정치참여가 일정한 규범과 원칙 안에서 이루어지지 않을 경 우 민주주의는 과두정치나 소수의 횡포로 전락할 가능성이 높다.

이런 문제를 극복하기 위해 현대 민주주의는 대의제를 기본으로 하고 국민투표와 같은 직접민주제적 요소로 정치제도의 한계를 보완하고 있다. 그러나 시민이 선거나 투표를 통해 주권을 행사할 때 외에는 정치에 참여할 수 있는 수단과 방법이 제한되어 있기 때문에 정치적 무관심이 확대되면서 '참여'의 중요성이 다시 부각되고 있다. 따라서 시민의 자발적 참여를 위한 제도를 마련하고, 참여를 이끌어내기 위한 노력들을 강조하는 것이 바로 참여민주주의다.

참여민주주의의 확대는 국민의사에 따른 정치구현이 어려워진 현대 민주주의의 문제점을 극복하기 위해 달성해야 하는 과제이기도 하다. 이러한 과제는 정치에 대한 주체의식이 높고 사회문제에 대한 관심을 갖고 있으며, 아울러 정치적 관심과 식견을 갖춘 시민이 있을 때 가능한 일이다.

 지식 확장

대의민주주의의 시초라 할 수 있는 고대그리스 아테네의 민회는 모든 권한을 행사하지 않았다. 시민들 중 제비뽑기에 의해 뽑힌 시민들로 구성된 500인 평의회, 민중법원, 행정직 등이 권력을 분립하고 있었기 때문이었다. 제비뽑기로 뽑힌 평범한 시민들이 공무를 수행했다는 것이다.

또한 이들은 임기가 끝나면 물러나야 했고, 두 번 다시 같은 직을 맡을 수 없었다. 이는 시민들에게 정치참여에 있어 공평한 기회를 제공하기 위한 조치였다. 현대사회에서도 이와 비슷한 제도가 있다. 재판에서 추첨에 의한 배심원을 활용하는 것이 그것이다. 아일랜드, 아이슬란드, 캐나다 등에서 '국민회의'를 만들어 이런 논의를 해낸 사례도 있다. 우리나라에서 '숙의민주주의'를 내걸어 최근 핵발전소 공사중단을 놓고 공론화위원회를 운영한 것도 이와 유사한 사례로 볼 수 있다.

이처럼 민주사회에서 시민들이 직접적인 참여로 적극적으로 목소리를 내고 여론을 형성하는 것은 반길 만한 일이며, 참여민주주의의 한 부분이기도 하다. 사회가 다원화되고 구성원들 간 갈등의 다변화로 공론의 필요성은 더욱 높아졌지만, 시민의 참여가 활성화된다고 해서 민주주의의 품격이 높아진다고 단언할 수는 없다. 오히려 민주주의의 저급성이 드러날 가능성이 있다. 대중은 화려한 언변에 휘둘리기 쉽다. 목소리가 크거나 말솜씨가 좋은 사람들이 다수의 사람들을 기죽이는 것이나, 의견과 신념이 다르다고 인터넷상에서 인신공격이나 욕설로 반대의견을 내는 것을 올바른 참여정치라고 할 수는 없다.

한편 오늘날 대중매체는 공론장의 새로운 수단으로 떠오르고 있다. 특히 텔레비전 토론 프로그램이 그러하다. 그러나 일부 학자들은, 이런 토론 프로그램이 다양한 공적 문제를 다루고 있기는 하지만 시청자와의 상호소통보다는 이해관계의 대척점이 있는 두 집단이 자신들의 주장을 일방적으로 전달하고만 있으므로 진정한 의미의 공론장이라고 할 수 없다고 비판한다.

시민들이 그저 '시청자'로 머문다면 합리적 판단과 비판적 의견을 스스로 형성할 수가 없다. 그럼에도 프로그램은 시청자로 하여금 능동적·주체적으로 공적 논의과정에 참여하고 있다는 환상을 갖게 한다. 이뿐 아니라 방송시간대·진행방식·주제에 따라 시청자의 연령이나 성별에 변화가 있고, 관심이 있는 사람들만 시청하게 되므로 그 결과가 전체의 여론이라고 할 수도 없다.

참여민주주의는 대의민주주의가 만능이 아니라라는 전제하에 권력을 분산시킬 수 있는 보완적 제도적 장치로 새롭게 실험되고 있는 중이다. 실험의 성공 여부는 구성원들의 광범위한 참여가 형식적이 아니라 실질적으로 보장되고 있는가에 달려 있다. 전문가들은 참여민주주의가 활성화되려면 잘 조직화된 몇몇 시민단체나 인터넷 동호회의 의견만이 과도하게 대표되어서는 곤란하며, 특히 조직화되지 않은 보통시민들의 작은 목소리가 과소대표되는 일이 없어야 한다고 지적한다.

실전 응용 Delivery

참여민주주의 공론장에서 다수결의 원칙 적용 시 나타나는 문제점을 나열하고 해결방안을 논하시오.

GDP

Gross Domestic Product

일정 기간 한 국가에서 생산된 최종 재화 · 서비스의 시장가치 총액

● ● ●

#최종생산물 #GNP #실질GDP #명목GDP

 3분 개요

국내에 거주하는 사람들에 의해 일정 기간^{보통 1년} 동안 생산된 최종 생산물 시장가치의 총액이다. 한 국가의 경제력이나 국민들의 생활수준을 알아보기 위해 사용하는 대표적인 경제지표 중 하나다. 우리말로는 '국내총생산'이라고 한다.

소득을 낸 주체의 국적은 상관하지 않는 '국내에 거주하는 사람들'로 제한된 개념이기 때문에 우리나라에 거주하는 외국인이 생산한 가치는 들어가지만, 외국에 거주하는 우리 국민이 생산한 가치는 포함하지 않는다. 글로벌사회로 변화하면서 국내총생산에 대한 의존도가 높아졌다.

소득을 창출한 사람의 국적이 내국인이든 외국인이든 관계없다. 한 나라의 영역 내에서 가계, 기업, 정부 등 모든 경제주체가 일정 기간 동안 창출한 부가가치를 말한다. 여기에서 '일정 기간 동안' 이라는 것은 정확한 크기의 비교를 위해 기간을 한정하여 측정한 다는 의미다.

GDP는 판매한 것이 아닌 생산한 것을 측정하기 때문에 중고품이나 재고품처럼 이미 생산되어 과거 GDP에 포함된 것은 당해에 포함되지 않고, 중복측정을 막기 위해 부속·부품·미완성품 같은 중간생산물도 측정에서 제외된다.

완성품 기준이므로 GDP 수치가 떨어진다는 것은 제품생산율이 떨어진다는 것을 의미한다. 시장이 국가 내로 제한되었던 시대에는 경제동향을 파악할 때 GNP^{국민총생산}를 참조했으나, 오늘날에는 주로 GDP를 참조하고 있다. 점점 사람들의 경제활동 범위가 국경을 넘어 확대되고 소득의 현지 소비가 대세가 됨에 따라 GNP보다는 GDP가 국내의 경제상황을 더 잘 반영해주기 때문이다.

GDP　　　　　GNP

국내에서	국내에서	외국에서
외국인이	내국인이	내국인이
생산한	생산한	생산한
가치총액	가치총액	가치총액

GDP는 모든 생산물을 '시장가치'로 바꾸어 측정한다. 그 방법에는 모든 재화의 최종 생산물의 시장가치를 더하여 구하는 방법과 각 단계마다 창출된 부가가치를 합산하여 구하는 방법이 있다. 현실에서는 후자를 많이 사용한다.

예를 들어 농부가 종자 비용으로 50만 원을 사용하여 200만 원어치의 밀을 생산하고, 제분업자가 밀을 사서 밀가루로 만들어 제빵업자에게 300만 원에 팔았으며, 제빵업자가 다시 밀가루로 빵을 만들어 소비자에게 400만 원어치를 팔았을 경우 GDP는 다음과 같다^{단위 : 만원}.

- 최종 시장가치 계산
  - 최종 생산물로서의 빵 : 400
  → GDP 400
- 단계별 부가가치 계산
  - 종자의 부가가치 = 50
  - 농부의 부가가치 = 200 - 50 = 150
  - 제분업자의 부가가치 = 300 - 200 = 100
  - 제빵업자의 부가가치 = 400 - 300 = 100
  - 단계별 부가가치의 합 = 50 + 150 + 100 + 100 = 400
  → GDP 400

그런데 GDP가 시장가치로 환산 및 합산한 것이다 보니 물가^{국민 경제 전체의 가격수준}가 변하면 생산량이 변하지 않아도 GDP가 변할 수 있다. 때문에 현실에서는 이러한 문제점을 해결하기 위해 명목 GDP와 실질 GDP를 구분하여 사용한다.

명목 GDP란 물가변동을 고려하지 않고 국내에서 생산한 최종 생산물에 그 당시의 가격을 곱하여 합산하는 것이다. 경상가격 GDP라고도 한다. 명목 GDP는 해당 연도의 가격과 최종 생산물을 곱하기 때문에 만약 전년도와 명목 GDP를 비교할 경우 둘의 차이가 생산물의 수량변동으로 인한 것인지, 가격변동으로 인한 것인지 알 수 없다. 그래서 이는 동일 시점에 지역별 경제규모를 판단할 때 사용된다.

실질 GDP를 계산하기 위해서는 GDP를 측정하기 위한 연도 외에 물가의 기준이 되는 연도인 '기준연도'를 설정해야 한다. 측정 연도의 서비스, 재화량에 기준연도의 가격을 계산하는 것이다. 가격은 변함이 없다는 가정하에 생산량의 변동만을 측정하기 때문에 실질 GDP는 경제성장, 물가변동 등 국민경제가 시간에 따라 어떻게 변화하고 있는가를 살펴보는 데 사용된다.

이처럼 명목 GDP와 실질 GDP를 구분하는 이유는 그 쓰임새가 다르기 때문이다.

	특징	사용목적
명목 GDP	• 물가변동을 고려하지 않음 • 생산량 수량, 가격의 변동 반영 = 경상가격 GDP	경제규모 판단
실질 GDP	• 가격변동 없다는 가정 • 생산량 변동만 측정	국민경제의 변화추이 측정 (경제성장, 물가변동)

GDP는 국가의 경제규모를 보여주고, 인구당 GDP로 환산할 경우 국민 개개인이 얼마나 많은 부를 소유했는지도 알 수 있다. 그러나 그 수치만으로는 '국민 삶의 질'을 정확히 파악할 수 없다. GDP 수치가 높다고 국민생활과 복지수준이 꼭 높은 것은 아니라는 의미다.

'국민 삶의 질'을 평가하는 데에는 다양한 변수가 포함되는데, 일례로 질병을 앓고 있어 진료비 지출이 증가하면 의약산업에 소득이 발생해 GDP가 증가한다. GDP가 높다고 하여 국민복지의 수준이 높아진 것은 아닌 이유다.

지하경제
Underground Economy

세금이나 정부의 규제를 회피하는 음성적인 경제활동이다. 자료 수집의 곤란 혹은 정부 당국에 보고되거나 기록되지 않아 사회가 공식적으로 계측하는 추계에 포함되지 않는다.

무엇보다 국내총생산은 총량 개념이기 때문에 소득의 분배에 대해서는 유용한 정보를 주지 못한다는 한계를 갖는다. 그 외에도 가사노동 · 봉사노동과 같이 시장에서 화폐가치에 포함되지 못하는 서비스 등을 포함시키지 못하며, **지하경제***의 생산을 포함하지 못한다.

한 계	내 용
재화·서비스의 질, 성격 구분 불가	자연재해비용 증가처럼 악영향을 줘도 국내에서 생산된 것이면 모두 포함
시장에서 돈으로 거래되는 것만 포함	가사노동처럼 가치를 창출하지만 화폐가치로 측정되지 않으면 불포함
지하경제에서 창출되는 생산 불포함	지하경제 규모 무시
빈부격차 반영 불가	대기업 생산이 늘어나면 자영업 서비스 생산이 줄어도 GDP는 성장

▲ GDP의 한계

한편 국내총소득이라는 것도 있다. 국내총소득GDI, Gross Domestic Income은 한 나라 안에서 가계, 기업, 정부 등 경제의 모든 주체가 벌어들인 소득의 총계로서 구매력을 나타내는 지표로 경제주체들이 느끼고 있는 경제적 체감을 파악하기에 적합하다. 또한 실질 GDP와 실질 GDI의 차이가 크면 국민들은 지표경기와 체감경기 간에 괴리를 느끼게 된다.

실전 응용 Delivery

GDP가 증가했지만 국민 삶의 질은 떨어졌던 사례, 혹은 GDP가 감소했지만 국민 삶의 질은 올라간 사례를 들어보시오.

베블런효과
Veblen Effect

경기침체 시 고가의 소비제 소비가 증가하는 현상

• • •

#소스타인베블런 #스노브효과 #밴드왜건효과 #유한계급론

 3분 개요

사회적 지위를 과시하기 위해 가격이 오르는데도 수요가 줄지 않고 오히려 증가하는 현상을 말한다. 주로 상류층 소비자들의 소비 행태를 가리키는 말로 미국학자 소스타인 베블런Thorstein Veblen, 1857~1929이 처음 사용했다. 고급 자동차, 명품 액세서리 등은 경제 상황이 악화되어도 수요가 줄어들지 않는 경향이 있다.

 심화 학습

일반적으로 시장에서 정상적인 재화의 가격과 수요는 반비례한다. 그러나 실물경제에서 반대현상이 일어나기도 하는데, 명품 소비가 바로 여기에 해당한다. 요즘 들어 이런 현상은 더욱 가속화되고 있다. 명품 의류 및 잡화의 매출이 경기침체에도 불구하고 매년 증가하고 있는 것이 그 예다. 비쌀수록 수요가 집중되는 쏠림현상은 자동차시장도 마찬가지다. 이를 설명할 수 있는 경제용어가 베블런효과다.

베블런효과는 남들보다 돋보이거나 뽐내고 싶어서 비싼 물건일수록 사려고 드는 인간의 경제심리를 설명한다. 사회적 지위나 부를 과시하기 위한 허영심에 의해 수요가 발생하고, 이 때문에 가격이 비쌀수록 오히려 소비가 늘어나는 효과를 말한다.

미국의 경제학자이자 사회과학자 소스타인 베블런이 자신의 책 《유한계급론The Theory of the Leisure Class, 1899》에서 "상층계급의 두드러진 소비는 사회적 지위를 과시하기 위하여 자각 없이 행해진다"며 '과시적 소비'를 지적하면서 처음 사용했다.

이때 베블런이 말한 유한계급이란 축적된 자산이나 물려받은 부를 통해 땀을 흘리는 노동을 하지 않아도 되는 부유층을 말하고, 자신의 지위를 과시하기 위해 여가를 즐기는 계급을 말한다. 이들에게는 다이아몬드의 가격이 상승하면 더욱 허영심을 자극되어 수요가 증대하지만, 가격이 떨어지면 그 가치와 희소성이 떨어져 수요도 줄어들게 된다. 이러한 베블렌효과를 마케팅이나 광고에 이용하여 고급화와 차별화, 고가정책을 표방하기도 한다.

베블런효과는 갑자기 큰돈을 번 사람들에게 주로 보인다. 흔히 말하는 '졸부'인데, 자신의 사회적 열등감을 만회하기 위해 고급제품들을 자각 없이 닥치는 대로 구매하는 현상을 보이는 것이다. 이들의 소비는 그 목적이 필요가 아니라 어디까지나 과시용이므로 합리적 소비와는 질적으로 다르다.

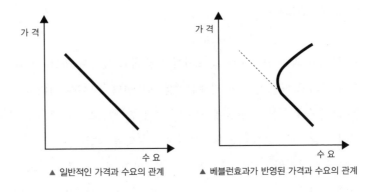

▲ 일반적인 가격과 수요의 관계   ▲ 베블런효과가 반영된 가격과 수요의 관계

이런 이유로 베블런효과에 의한 소비형태를 '과시소비'라고 한다. 과시소비는 사람이 많이 모이는 곳일수록 과장되어 나타난다.

Size Up 지식 확장

소비는 가장 기본적인 경제활동이다. 물질적인 풍요를 향유하는 현대사회의 소비자들은 공동체 속에서 자신의 지위와 특권을 상승시킬 수 있는 소비에 관심을 가지고 있다. 이들은 소비를 통해 심리적 만족을 추구하는 경향이 있다. 그러나 과시욕, 모방, 차별화 욕구 등의 심리적 이유로 인해 비합리적인 소비형태가 나타난다.

사람의 심리로 인한 비합리적 소비행태에는 '스노브효과Snob Effect'도 있다. 상품을 소비하는 소비자가 많아질수록 구매를 꺼리는 일부 소비자들의 심리를 가리키는 말이다. 속물효과 혹은 백로효과라고도 한다. 다른 사람과 다르게 보이기 위해 자기만이 소유하고 있다는 사실에 가치를 부여하여 희소가치를 구매하고 만족하는 것이다. 속물효과를 역이용하여 가짜명품 사기사건이 발생하기도 한다.

'모방본능'에 의한 소비행태도 있다. 이른바 밴드왜건효과Bandwagon Effect라 한다. 편승효과, 악대차효과, 부화뇌동효과라고도 한다. 모방소비는 허영심에 의해서라기보다는 '남들이 다 그러하니까 따라한다'는 식의 소비다. 한마디로 다른 사람의 소비행동을 그대로 따라하는 것이다. 소비의 목적이 유행인 경우가 여기에 해당한다. 특히 추종하는 '준거집단'의 행동을 모방하려는 성향이 강한 청소년에게 모방소비가 많이 나타난다.

	특징	비고
베블런효과(Veblen Effect)	가격이 높을수록 소비 자극	신호효과
스노브효과(Snob Effect)	희귀성이 높을수록 소비 자극	속물효과
밴드왜건효과(Bandwagon Effect)	타인의 소비 많을수록 소비 자극	편승효과
반베블런효과(Counter-Veblen Effect)	가격이 낮을수록 소비 자극	립스틱효과

▲ 비합리적 소비 종류

남보다 낫다는 것을 과시하고자 하는 욕구는 인간의 본성이자 욕망이다. 문제는 이러한 본성과 욕망이 정신적·문화적 실천이 아니라 소비행위로 나타난다는 것이다. 유통업체들도 이러한 소비심리를 악용하여 의도적으로 고가정책을 이용하거나 한정생산 하는 정책을 이용하여 소비자의 비합리적인 소비를 자극한다.

그리고 이런 소비심리를 이용한 범죄가 양산되기도 한다. 2006년 스위스 명품시계 '벤센트 앤 코' 매장이 문을 열자 단기간에 수십억 원에 달하는 수입을 올렸다. 이때 사용된 광고문구가 바로 '전 세계의 1%만 찬다'였다. 그러나 조사결과 값싼 중국제 부품을 이용해 만든 저가의 시계를 명품으로 둔갑시킨 것이었다. 과시본능과 속물근성을 이용한 범죄였던 것이다.

자극이 무뎌지는 것처럼 과시소비는 일시적으로는 기쁨과 위안을 주게 되지만 곧 익숙해지게 되어 지속적으로 같은 행복감을 주지 않게 된다. 더 좋은 더 고가의 제품을 사고 싶은 강박관념에 사로잡히게 만들 뿐이다.

실전 응용 Delivery

'가심비'라는 신조어가 있다. 자신이 심리적 만족을 얻을 수 있다고 생각되는 소비에는 돈을 아끼지 않는 소비행위와 그런 사회풍토를 가리키는데, 이 용어와 위에서 언급한 비합리적 소비행위들에는 어떤 차이가 있는지 기술하시오.

시민불복종
Civil Disobedience

부당하다고 판단되는 법에 시민들이 비폭력적으로 저항하는 일

● ● ●

#간디 #사티아그라하 #마틴루터킹 #무저항불복종 #존롤스

 3분 개요

아프리카와 인도의 민족주의운동, 미국 흑인의 시민권운동을 비롯한 여러 국가의 해방운동과 반전운동에 나타난 이념이자 전술이다. 법체제나 정부 자체에 대한 거부가 아니라 특정 법률에 대한 저항으로서 정부의 양보나 승인·용인을 획득하려는 상징적인 행동을 아울러 이른다.

현대 시민불복종의 개념을 가장 명확하게 규정했던 사람은 동양과 서양의 사상으로부터 사티아그라하Saty Graha, 무저항 불복종의 이념을 발전시킨 마하트마 간디Mahatma Gandhi, 1869~1948였다. 마틴 루터 킹 주니어Martin Luther King, 1929~1968가 이끌었던 1950~70년대의 미국의 흑인인권운동도 시민불복종의 전술과 이념을 채택했다.

'시민불복종'은 미국의 작가이자 사상가 헨리 데이비드 소로Henry David Thoreau, 1817~1862가 같은 제목의 수필 《시민의 불복종Civil Disobedience, 1849》에서 처음으로 제안한 개념이다.

데이비드 소로가 활동하던 당시 미국은 노예제도가 합법이었고, 강경한 팽창정책의 일환으로 멕시코를 짓밟고 있었다. 이에 여론은 미국 정부의 입장에 동조하는 다수파와 우려를 표하는 소수파로 양분되어 있었다.

이때 소로는 정부의 입장에 반대하는 지식인들을 모아 함께 '소수라 하더라도 다수보다 도덕적 정당성에서 우위에 있다면 소수가 다수를 이길 수 있다'는 의미로 '한 사람의 다수Majority of One'라는 개념을 제시하고, 정부 등의 세납을 거부하고 탄원서를 쓰는 등 적극적으로 행동했다. 시민불복종의 시작이었다.

그리고 부당한 다수에 저항하기 위해서는 다음과 같은 조건이 필요하다고 했다.

- 목적이 정당할 것
- 처벌을 감수할 것
- 비폭력을 준수할 것
- 최후의 수단으로 사용할 것
- 공공의 이익에 부합할 것
- 공개적으로 할 것

시민불복종의 목적에는 본질적으로 '여론'이 있다. 이를 위해 물리적 피해자가 되더라도 도덕성과 정당성이 확보되어야 여론의 전환을 기대할 수 있는 것이다. 소로는 능동적 불법행위는 하지 않지만, 불복종의 과정에서 불법이 발생할 소지가 있더라도 부당한 권력에 대한 투쟁이므로 저항을 지속해야 한다고 주장했다.

또한 시민불복종의 근본적인 가치는 헌법과 같은 현재의 법체제가 아니라 보다 근본적이고 절대적인 보편적 도덕에 있다고 보았다. 그래서 소로는 법이 불의를 행하라고 요구한다면 "법을 어겨라"라고 말한다.

소로의 시민불복종은 존 롤스John Rawls, 1921~2002에 와서 보다 더 확장되었다. 21세기 정치철학자 롤스는 시민불복종을 정의를 알리기 위한 항거이자 다수의 정의감에 호소하는 정치치적 행위라고 정의했다. 소로가 개인의 양심을 근거로 한 것과는 달리 롤스는 다수의 정의감을 근거로 한 것이다. 또한 소로가 처벌은 감수하되 부당한 처벌에 대해서는 저항해야 한다고 주장한 반면, 롤스는 처벌도 감수해야 한다며 법체제를 존중하라고 했다. 이는 노예제도가 있던 서부개척기의 혼란한 시기를 보낸 소로와 나름대로 질서가 잡힌 20~21세기를 산 롤스의 차이에서 비롯되었다고 볼 수 있다.

시민불복종의 기본적 논리는 다수결의 원칙을 기반으로 하는 현재의 민주주의가 도덕적 관점에서 완전하지 않으며 여전히 진행 중이라는 데 있다. 때문에 이들은 정치·사회현상을 평가할 때 '민주적이냐, 아니냐'로 평가하는 것이 아니라 '도덕적 가치'를 따져야 한다고 주장한다. 그리고 법적·제도적 측면뿐 아니라 인간사의 모든 사항에 대해 전개시키려 하며, 처벌에 저항함으로써 권력의 부당함을 폭로하고 다수의 동조를 이끌어내는 것이 허용되어야 한다고 주장한다.

한편 '저항권'은 시민불복종과 다른 개념이다. 시민불복종이 현재의 체제를 인정하는 바탕 위에서 일부 문제가 되는 법률이나 정책의 시정을 요구하는 것이라면 저항권은 체제 자체에 대한 저항을 의미한다. 혁명에 가까운 개념인 것이다.

저항권은 국가나 법이 민주주의의 기본원칙을 무시하고 국민을 무력으로 억압할 때 국민이 이를 저지시킬 권한이다. 시민불복종이 정의롭지 않은 '개별 법령'을 요건으로 하는 반면 저항권은 '민주적 절차가 부인된 것'을 요건으로 한다. 시민불복종이 요구와 수렴의 단위로 끝나는 반면에 저항권은 계속성을 갖는다는 차이가 있다. 시민불복종은 비폭력을 지향하지만, 저항권은 폭력을 수반한다.

시민불복종은 민주주의 사회를 발전시키는 필수불가결의 요소다. 소수자나 약자의 주장을 알리는 효과적인 방법이고, 다수를 위한 행복이 아닌 모두를 위한 행복을 이루기 위한 적극적 방법이기 때문이다. 그럼에도 시민불복종에 대한 비판도 있다.

먼저, 절차에 따라 제정된 법률을 경시할 수 있다는 비판이 있다. 그러나 시민불복종은 처벌을 감수하면서도 사회적 관심을 불러일으키려는 것이며, 처벌을 받아들임으로써 법체제와 정의에 대한 존중과 열망을 표현하는 것이다.

그 외에 시민불복종이 공익보다 사익을 우선시한다는 비판이 있다. 그러나 기본적인 시민불복종은 사익이 아니라 정의를 위한 것이다. 또한 공익을 위한 행동만이 의미가 있다고 보는 것은 다시금 '다수에 맞서 정의를 실현할 수 있다'는 시민불복종의 모토에 어긋난다. 무엇보다 시민불복종은 처벌을 감수하는 것을 그 요건으로 하는 만큼 사익을 위한 행동이라 판단하기 어렵다.

실전 응용 Delivery

시민불복종이 수락될 수 있는 조건을 정리하고, 2016~2017년 박근혜 퇴진 촛불운동이 시민불복종 운동이 될 수 없는 이유를 설명하시오.

쉬어갈래요?

"살 날이 얼마 남지 않은 노인이 법률을 어기면서까지 삶에 집착한
다고 말할 사람이 없을까? 그만두게, 법률이 권하는 대로 하세."

사형선고를 받은 소크라테스가 탈옥을 권하는 이에게 한 말이다. 널
리 알려진 "악법도 법이다"가 아니었다. 그럼에도 2004년 중학교
교과서조차 "악법도 법이다"를 소크라테스의 말로 소개했다. 오직
우리나라에서만. 왜?

본래 이 말은 1937년 일본법학자이자 '현행법은 완전무결하다'는 실
정법주의자였던 오다카 도모오가 한 말이다. 소크라테스가 탈옥 대
신 독배를 선택한 것을 실정법을 중요시했기 때문이라고 설명하면서
쓴 것이다. 소크라데스가 탈옥을 하는 것이 자신의 명예와 지위를
실추시킬까 우려하여 한 말을 자신의 논리에 따라 변질시킨 것이다.

그런데 오다카는 일제강점기 경성제국대 법학부 교수를 하면서 제자
를 양성했고, 그 제자들이 해방 후 대한민국 법학계의 중심인물들이
되면서 소크라테스의 거짓 어록도 여과 없이 전수되었다. '악법의 정
당성'이라는 오류는 결국 유신 때 비민주적인 헌법과 법률을 강제할
도덕적 가치로 포장되어 박
정희정권에 의해 악용되었다.

자크루이 다비드의 〈소크라테스의 죽음〉(1787)

세계주의

Cosmopolitanism

세계 단일체제를 표방하는 일련의 경향과 움직임

• • •

#디오게네스 #홍익인간 #보편적인류애 #신종애국주의

3분 개요

세계주의란 민족주의에 대비되는 개념으로 인종, 민족, 국가를 넘어 나의 동족은 인류 전체라고 생각하는 입장을 말한다. 국가나 민족과 같은 전통적 관점을 거부하고 세계 속의 일원으로 살아가는 것을 추구한다.

또한 현존하는 국가 간 대립이 해소 또는 개혁되어 전 인류가 하나의 시민으로서 세계연방을 실현시키는 것을 이상으로 한다. 1980년대 후반에 등장해서 전 지구적인 경제체제와 정보통신망, 문화 및 사회 각 분야에 걸쳐 영향을 끼치고 있다.

세계주의라는 개념을 처음 등장시킨 사람은 "나는 세계의 시민이다"라고 한 고대그리스의 철학자 디오게네스Diogenes, BC.404?~BC.323?다. 자유사상의 원조이면서도 금욕적 자족을 강조하고 향락을 거부한 그리스 철학자의 전형적 인물이었던 그는 계급제와 노예제에 반대하는 동시에 세계시민주의를 주장했다.

디오게네스를 이해하기 위해서는 그가 살았던 시대를 이해해야 한다. 당시는 알렉산드로스가 동방원정으로 대제국을 건설해나가던 때BC.3세기경로 그리스문화와 동방문화가 융합된 새로운 문화, 헬레니즘이 국제적인 문화로 보편성을 획득하고 있었다. 이는 알렉산드로스의 정복지가 늘어남에 따라 민족이나 국가의 경계가 허물어지고 결속이 느슨해진 가운데 이를 한데 묶기 위한 근거로서 세계주의가 시작되었다는 의미다.

헬레니즘의 자유사상이 무너지고 종교에 의해 모든 것이 지배되던 중세 때에도 세계시민주의는 살아 있었다. 단지 국가의 경계를 무력화시킨 것이 과거에는 군사력이었다면 이것이 종교로 대체되었다는 것만 다를 뿐이었다.

서아시아에서 유럽에 이르기까지 황제도 교황의 권위 아래에 있었던 시대에 기독교는 모든 것을 아우르는 최고의 사상이자 정치였다. 그리고 기독교 아래 모두가 하나가 되어야 한다는 현실적 목표가 있었다. 즉, 국경이 아닌 기독교로 하나가 되어야 한다는

▼ '카노사의 굴욕'은 1076년 국왕·제후의 권한이던 성직자 임명권을 교황이 거둬들인 것에 반발한 신성로마제국 황제 하인리히 4세에게 교황 그레고리우스 7세가 폐위와 파문을 선고하자 하인리히 4세가 수도자의 복장으로 교황 앞에서 복종을 맹세한 사건이다. 교회의 권위가 국가 위에 있음을 보여준 상징적 사건이다.

중세적 의지를 현실적으로 뒷받침해준 것이 바로 세계주의였다.

이와 같은 현실적 이해는 차치하고라도 세계주의는 인종적 우월주의를 타파하고 모든 인간을 공통된 이성을 지닌, 한 형제로 보아야 한다는 주장이라 할 수 있다. 그 근본적인 주장은 개인이 자신을 민족이나 국가의 일원으로서가 아니라 전체 세계시민사회의 일원으로 파악하고 인류사회의 평화로운 공존공영을 추구하자는 것이다. 그리고 이를 실현시키기 위해서는 존중, 관용, 협력 등의 덕목을 내면화하고 실천하는 동시에 인류의 이상이자 궁극적인 도덕적 가치인 인간존엄성 및 인권을 존중해야 한다고 주장한다.

고족선의 건국이념인 홍익인간, 동학의 사해동포주의의 세상을 이롭게 하라는 가치추구 역시 보편적 인류애라는 측면에서 세계주의의 하나라고 볼 수 있다.

지식 확장

세계주의는 협소하고 지엽적이며 분쟁의 원인이었던 민족주의를 극복하기 위한 대안으로 등장했다. 개인은 국가나 민족 같은 하나의 공동체에 속한다는 전통적인 관점을 거부하고 세계라는 하나의 커다란 공동체, 상징적인 하나의 국가에 속한다는 주장이다.

하지만 세계주의가 극단적으로 발현되면 현실적으로 존재하고 있는 지역공동체나 개별 민족의 전통과 문화 및 정체성이 부정된다. 또한 특정 하나의 문화만을 받아들여야 한다는 일방주의, 획일주의를 강요하게 된다. 동양이나 아프리카의 문명은 후진적이고 서구문명이 진화된 문명이라 여겨 서구문명을 표준으로 하는 오늘날의 세계화도 이런 보편주의의 위험성을 내포하고 있다.

획일주의, 보편주의는 다양한 언어, 종교, 문화를 소유한 사람들이 자유롭게 조화를 이루어 살아가야 한다는 다원주의에 위배된다. 알렉산도로스의 세계정복처럼 세계주의라는 이름하에 강대국의 주장을 약소국에 강요할 수 있는 것이다. 또한 세계주의가 극단적으로 진행될 경우 역으로 세계주의에 반발하는 극단적 민족주의가 부활할 수 있다.

또한 세계주의는 간접적으로 개인주의에 의해 촉진된다. 개인주의는 자율적인 개인을 도덕적 이상으로 여기고, 태어날 때 자신이 선택하지 않은 집단적 정체성과 가족이나 조국에 대한 의무를 폄하한다. 급진적인 개인주의자는 공동체에 특별한 애착의 감정이나 의무를 지니지 않는다. 이렇게 개인이 모든 소속집단에 대한 연결고리를 끊어내었을 때 그에 대한 책임을 지는 것은 최소한의 공동체, 오직 세계정부뿐이다. 결국 공동체에 대한 책임을 지지 않는 개인이 늘어난다는 것은 그들의 책임을 떠안아줄 세계정부의 몸집이 커진다는 의미다.

과거 20세기, 무역과 투자의 자유화를 내세우던 세계주의가 전 세계에 거칠게 몰아쳤다. 가시적으로는 1985년 7월 13일 영국 런던의 웸블리 스타디움과 미국 필라델피아의 존 F. 케네디 스타디

움에서 동시에 아프리카 난민을 돕기 위한 자선대공연 '세계는 한 가족'이 열려 세계의 이목을 집중시켰다. 민족도, 국경도 초월한 인류애가 노래의 대합창과 유명가수 200여 명의 출연, 그리고 16 시간 동안 최대의 쇼로 약 5,300만 달러를 모금했다.

언론계에서는 1979년부터 세계 각국의 대표적인 일간지들이 '세계는 하나다'라는 기치 아래 국가 간의 이해와 협력을 증진하고 나라마다 다를 수도 있는 견해들을 수렴하려는 노력을 계속해왔다.

종교계에서는 1986년 전 세계 40여 개 종교가 한자리에 모이는 사상 최초의 '세계종교 대표자 평화 기도회'를 이탈리아 중부의 가톨릭 성지에서 개막했고, 로마교황청 주최로 기독교·불교·유태교·이슬람교·힌두교뿐만 아니라 5대륙의 원시종교에 이르기까지 40여 종과 200여 명의 대표자들이 참석해 세계평화를 위한 기도회를 여는 등 국가와 종파를 초월한 대규모 평화축제를 잇고 있다.

이처럼 '하나의 세계'를 만들자는 일련의 운동은 세계대전이나 기후변화 등 인류가 직면한 한계상황에 국제적인 공동대처가 있어야 한다는 공감대가 형성되면서 강화되어왔다.

그러나 오늘날 국제사회에서는 힘의 원천이 경제력인 만큼 국가 간의 자본자유화는 기업의 국경을 허무는 고도의 도구로 이용되었다. 이러한 변화의 앞에는 '평균적 개선'이라는 편리한 방패막이 있었다. 세상은 마치 탄탄하게 잘 연결된 유기체 같고, 국경이란 행정적 편의상 줄을 그어둔 것에 불과하다는 착각도 있었다. 그 결과 국제적 마인드를 가진 엘리트와는 달리 일반 시민들은 일이나 노동을 통해 소속감을 찾기도 힘든, 바야흐로 불평등의 확대와 일자리 불안정화 시대를 살게 되었다. 일상과 현실정치가 괴리된 것이다.

그리고 이 괴리감을 파고든 것이 미국 트럼프 대통령이 내세운 신종 애국주의다. 물론 실패한 세계화의 대안이 국가주의나 민족주의일 수는 없다. 하지만 시민들이 살아가는 현실적 공간에 깊숙이 자리 잡은 공간적 정체성을 함부로 없애거나 민족주의로 치부해 버려서도 안 된다. 그 정체성이 역사적으로 축적된 산물이라면 더욱 그렇다. 그러나 무엇보다 경계해야 할 것은 이러한 움직임에 대해 '무식한 대중의 열뜬 반응'이라거나 '영악한 정치인들의 노림수'라고 폄하하는 식의 반응이다.

세계화가 절대선이 아닌 것처럼 그에 반대되는 주장도 절대악이 아니다. 모든 이념과 정책은 정제하여 현실에 녹일 수 있을 때에 가치를 발한다. 상대의 반발의 내용과 근거가 세계화의 방향을 더욱 개선시킬 기준점이 된다. 섣부른 비난은 이를 가로막는다.

실전 응용 Delivery

20세기 세계주의를 이끌었던 미국 대중이 선거에서 애국주의, 자국 우선주의로 돌아선 이유를 설명하고, 세계주의가 가진 한계를 논하시오.

소득주도성장론
Income-led Growth

가계소득 증대가 경제성장의 선순환구조를 만든다는 경제성장이론

• • •

#포스트케인지언 #이익주도성장 #분수효과 #분배론

 3분 개요

가계의 임금과 소득을 늘리면 소비도 늘어나 경제성장이 이루어
진다는 이론이다. 임금주도성장론이라고도 한다. 임금을 중심으
로 가계소득을 늘리면 소비증가와 투자확대가 이어져 경제성장의
선순환 고리를 만들 수 있다는 게 핵심내용이다. 임금을 낮추고
기업의 이윤을 높임으로써 투자·수출을 촉진해 경제성장을 이룬
뒤 이를 통한 낙수효과를 기대하는 기업주도성장론이나 수출주도
성장론과 대비되는 개념이다. 포스트케인지언Post-Keynesian 경제학
자들의 임금주도성장론을 바탕으로 한다.

대한민국은 그동안 기업과 투자, 수출에 중점을 두고 이른바 '한강의 기적'이라는 경제발전을 이뤘다. 그러나 세계적인 경제침체와 불균형으로 기업·수출주도성장이 한계에 이르렀다는 주장이 제기되었다. 세계적으로는 미국발 금융위기가 터지면서 정부개입 최소화, 규제 완화, 자유무역, 민영화 등 신자유주의적 정책에 대한 비판이 제기되었다.

경제침체와 성장둔화의 원인을 내수와 소비 부족, 소득분배 불균형 문제과 같은 사람들의 소득과 관련된 '수요 측면에서의 문제'로 보고, 노동자들의 임금을 늘리고 소득을 분배해 총수요를 늘려 경제성장을 달성할 수 있다는 포스트케인지언Post-Keynesian 경제학자들의 주장을 바탕으로 대두된 것이 소득주도성장론이다.

2012년 국제노동기구는 〈임금주도성장 : 개념과 이론, 정책〉이라는 보고서를 내고 "(기업)이익이 주도하는 성장체제가 글로벌금융위기와 같은 결과를 낳았다"고 비판하면서 신자유주의의 이익주도성장을 대체할 수 있는 성장론이자 소득불평등에 주목한 성장담론을 제시했다. 그것이 바로 임금주도성장이다.

보수적 성향의 경제협력개발기구OECD도 2014년 12월 9일 〈소득불평등이 경제성장에 끼치는 영향〉이라는 보고서로 "소득불평등의 해소가 경제성장률을 높이고, 소득불평등이 심각할수록 그렇지 않은 나라보다 성장률이 떨어진다"고 평가하면서 소득불평등을 단일변수로는 성장률에 가장 큰 영향을 끼치는 요소로 보고 임금주도의 성장을 강조했다.

아메리카대학교 교수 로버트 블레커도 ▲ 기업의 이윤보다 노동자의 임금이 상승할수록 소비가 증가하고, ▲ 기업들은 단기적으로 이윤이 줄어들지만 비용절약을 위해 투자를 늘리며, ▲ 소비와 투자의 증가로 인해 경제성장률이 더 높아지는 결과를 낳는다고 주장했다. 다만 기업은 감소하는 이윤을 대체하기 위해 노동절약형으로 변화를 꾀할 것이므로 고용이 감소될 수 있으며, 그러므로 정부는 재정정책과 공공투자를 확대하는 등의 보완책을 마련해야 한다고 했다.

2001년 노벨경제학상 수상자이자 미국 콜롬비아대학교 교수 조지프 스티글리츠는 "낙수효과가 아니라 중산층을 키워서^{분수효과} 경제를 살리겠다는 한국 정부의 기본 철학은 절대적으로^{Absolutely} 옳다"며 문재인정부의 소득주도성장정책을 적극 지지했다. 아울러 그 방법으로 공정한 과세와 최저임금 인상, 공공일자리 확대, 공교육 강화, 독점자본 규제, 비정규직노조 확대 등을 제시했다.

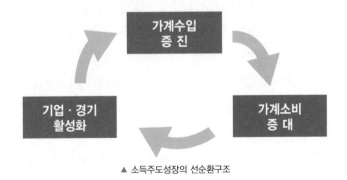

▲ 소득주도성장의 선순환구조

216

임금주도성장론자들의 주장을 간단하게 정리하면 다음과 같다.

- 고소득층의 소득이 증대되면 경제가 성장해 저소득층에게도 혜택이 돌아간다는 '낙수효과'가 실패하고, 오히려 소득양극화와 중산층의 붕괴를 가져왔다는 데 의견의 일치를 보인다.
- 그러므로 부유층에 대한 세금을 늘리고 이를 저소득층을 위한 경제·복지정책에 투자하여 사회의 수요를 늘리는 '분수효과'로서의 정책으로 전환해야 한다.

이러한 임금주도성장이 우리나라에서 소득주도성장으로 그 성격을 바꾼 것은 임금을 받지 않는 자영업자의 비중이 높아져 버린 현재 대한민국의 경제구조 때문이다.

외환위기 이전[1987~1997년]의 8%대 경제성장률은 2008년 이후 연평균 2%대로 주저앉았으며, 기업소득은 외환위기 이후[1997~2012년] 연평균 9.4%씩 증가했지만 가계소득은 5.5% 증가에 그쳤다. 2008년 이후 6년 동안 소비와 투자 증가율 역시 각각 연평균 2.0%, 0.7% 증가에 그쳤다.

이런 가운데 이명박정부와 박근혜정부는 경기침체로 인한 실업 증가에 자영업자를 지지·양산하는 정책을 폈다. 그 결과 대한민국의 저임금노동자 비중은 23.5%로 2위, 소득양극화는 OECD 2위, 국내총생산에서 소비비중과 정부지출은 각각 OECD 끝에서 3번째, 사회복지지출은 OECD 꼴찌를 기록했다.

반면 문재인정부는 '가계소득 늘리기', '생계비 줄이기', '안전망과 복지'를 소득주도성장의 3가지 축으로 제시하고 주요 경제정책으로 제시했다. 그리고 소득주도성장론이 성공을 거두기 위해서는 통합적이고 다양한 정책적 수단이 필요하다면서 고용정책, 공공투자 등의 정책조합을 잘 활용하여 생산성과 고용을 증대를 도모하는 것을 목적으로 하는 정책을 이어가고 있다.

지식 확장

가계수입의 증대로 소비를 촉진하고 그 결과 경기를 활성화한다는 소득주도성장론은 이상적인 선순환구조를 내세운다. 그러나 선순환이 실현되기 전 당장 기업은 임금 인상을 내세워 투자규모나 고용규모를 줄이려 한다. 그래서 취지와 달리 역으로 고용악화를 가져올 수 있다. 소득주도성장에 국가 또는 정부의 적극적 개입이 필요한 이유다. 신자유주의에 입각해 시장에 내맡겼던 것을 정부가 가져와야 하는 것이다.

정부의 개입을 위한 정책으로는, 먼저 임금소득자에게는 최저임금 보장, 일자리안정자금 제공, 근로장려세제 도입, 의료비·교육비·주거비 경감 등 생계비를 경감과 같은 지원을 제공하는 것이다. 그리고 최저임금 인상으로 인한 소득감소를 경험할 수밖에 없는 자영업자에는 사회보험료 지원, 카드수수료 인하, 불공정거래 해소, 임대료 경감 등의 지원을 제공한다.

이 같은 생계비 경감정책 외에도 고용보험 및 공공취업서비스,

아동수당 도입, 기초연금 · 장애인연금 · 기초생활보장 확대 등 사회안전망 확대를 위한 복지정책이 정부역할의 방안들이다.

그런데 근본적으로 소득주도성장정책을 어떻게 바라볼 것인가 하는 문제는 성장과 분배를 어떻게 바라볼 것인가 하는 문제로 귀결된다. 시장에 의한 경쟁논리를 강조하는 경제적 자유주의자^{성장론자}는 성장을 추구하지만, 분배를 중심에 둔 사회적 평등주의자^{분배론자}는 복지를 강조한다. 하지만 경제적 자유주의는 소득불균형에 따른 빈부격차를 가속하고, 사회적 평등주의는 성장을 둔화시킨다는 문제를 안고 있다. 또한 성장을 강조하면 개인의 삶의 질은 떨어져 발전이 저해되고, 분배를 강요하면 기업의 경제활동이 위축되고 기업의 자본이 해외로 빠져나가게 된다.

너나없이 먹고살기 힘들었을 때 대부분의 국가들은 경제효율이 떨어지는 분배보다 당장 성과를 보이는 성장을 택했다. 이를 통해 기업이 활성화되면 일자리가 창출되고, 고소득층의 소득이 저소득층에게 흘러들어가게 되므로 분배 또한 자연스럽게 해결된다고 믿었다. 이런 이유로 성장론자들은 분배를 성장 이후에 추진해야 하는 것으로 미룬다.

반면 분배론자들은 분배야말로 경제성장의 원동력이라고 주장한다. 분배를 통해 개인의 주머니가 채워져야 내수가 활성화되고 기업이 성장한다는 것이다. 분배가 제대로 이루어지지 않으면 경제적으로뿐만 아니라 사회 · 정치적 불만으로 이어지고, 이는 경제성장의 저해요인으로 작용하게 된다고 했다. 아울러 역사적으로 고소득층의 소득이 저소득층으로 확산된 사례가 없다는 것에 주목했다. 이른바 낙수효과는 이론가들의 환상이고, 자본가들의 눈가림이라는 것이다. 이런 상황에서 성장을 우선시하게 되면 특정 계층의 부만 세습화될 뿐이라고 비판한다.

소득주도냐 성장주도냐의 문제는 경제에 있어서의 자유와 평등, 어느 쪽에 가치를 두냐의 문제다. 부의 축적을 바라는 고소득자들의 자유 요구와 공정하고 공평한 노동의 대가를 바라는 저소득자들의 평등 요구의 충돌인 것이다. 그럼에도 최저생계비에도 미치지 못하는 소득으로 경제적 행복이나 위안이 불가능하다는 것은 자명한 일이다.

일부 소득주도성장 반대론자들은 소득주도성장 정책들의 실현에는 세금이 쓰이는 만큼 소득주도성장을 '반시장적 세금주도성장'이라고 비판하기도 한다. 이들은 소득주도성장을 위한 기본적인 정책인 최저임금 상승이 소상공인들의 삶이 무너뜨리고 있으며, 이로 인해 오히려 사회양극화가 극심해졌다고 주장한다. 소득주도성장정책을 '엉터리 좌파이념의 상징이자 악마의 유혹'이라고까지 비난하고 있다.

실전 응용 Delivery

성장의 효율성과 분배의 형평성의 관점에서 소득주도성장론이 세계적으로 주목을 받고 있는 이유를 설명하시오.

자원의존이론

Resource Dependence Theory

조직이 전략적 의사결정을 통해 환경에 대처한다는 이론

•　•　•

#조직 #자원 #환경 #생존

 3분 개요

다른 조직이 원하는 자원Resource을 많이 갖고 있는 조직이 보다 큰
권력을 갖게 되므로 조직이 당면한 환경적 불확실성을 극복하기
위해서는 적절한 의사결정을 통해 필요한 자원을 획득해야 한다
는 이론이다. 즉, 조직은 생존을 위해 변화무쌍한 환경에 대응하
기 위한 필수적인 자원을 습득하고 유지할 수 있는 능력을 갖추어
야 한다는 것이다. 제프리 페퍼Jeffrey Preffer, 1946~.와 제럴드 샐런칙
Gerald R. Salancik, 1943~1996이 처음 제시했다.

조직은 결코 자급자족적인 존재로 존속할 수 없으며, 오히려 자신이 필요한 자원을 소유하고 통제하고 있는 다른 조직에 의존하는 존재다. 때문에 생존을 위해서는 타 조직에 대한 의존은 최소한으로 줄여야 하며, 타 조직의 나의 조직에 대한 의존성을 최대화해야 한다.

자원의존이론을 이해하기 위해서는 일단 각 조직이 처한 현실이라 할 수 있는 조직이 처한 '환경'에 대한 정의를 살펴봐야 한다. 일반적으로 환경은 외적 조건으로서 그 자체는 경쟁에 처한 조직 모두 동일하다. 하지만 각 입장을 따지면 동일할 수 없다.

미국 대통령으로 공화당 후보가 당선되는 것은 그 자체로는 하나의 사안이지만, 이를 받아들이는 입장에서는 국가별·조직별 입장이 상이할 수밖에는 없다는 것과 마찬가지다. 따라서 이런 경우 조직은 감지된 환경변화들 중에서 중요하다고 판단되는 것에만 반응하게 된다.

그런데 환경을 대할 때 중요한 것이 있다. 바로 조직이 환경적 요인에 피동적으로 대처하는 것이 아니라 '환경에 대처해 자원을 적극적으로 획득해나가야 한다'는 것이다. 바로 조직구조의 환경에 대한 단순한 적응이 아니라 정책결정자의 환경에 대한 전략적 선택을 강조하는 것이다. 이런 점에서 자원의존이론은 전략적 선택이론의 범주에 속한다.

이때 환경에 대한 태도만큼 중요해지는 것이 '자원이 무엇이냐'는 것이다. 자원은 보이고 만져지는 물질적인 것뿐만 아니라 인간관계, 정보 등의 조직에 영향을 미칠 수 있는 모든 것을 포함한다. 연줄이나 자본으로의 접근성 등 인적·관계적·조직적·재정적·물질적 자원은 물론이고 조직이 위기에 닥쳤을 때 살아남을 수 있는 생존가능성이나 지배구조 및 창의성 등도 포함된다.

자원의존이론에 의하면 조직의 궁극적 목적은 높은 성과의 창출이 아니라 생존Survival이다. 그리고 조직의 생존은 필수적인 자원을 습득하고 유지·통제할 수 있는 능력에 달려 있다.

그리고 이러한 자원에 관한 조직 간의 차이로 인하여 조직 간에 권력의 차이가 발생하며, 자원을 보유하고 있는 조직은 다른 조직의 의사결정과 행동에 영향을 미칠 수가 있다. 또한 소유한 자원이 희소자원일수록 다른 조직에 비해 비교적 더 큰 권력을 갖게 된다.

반면 조직이 다른 조직에 종속되지 않고 독립적으로 존재할 수 있으려면 다음 네 가지 조건이 충족되어야 하고, 그렇지 못하면 조직은 희소자원을 통제하는 타 조직에 종속될 수밖에 없다.

• 자원에 대한 접근 가능성
• 대체자원의 존재 여부
• 희소자원을 통제할 수 있는 타 조직에 대한 영향력
• 자원 없이도 조직을 유지할 수 있는 가능성

환 경	자 원
조직이 처한 현실	물질적인 것뿐만 아니라 인간관계, 정보 등 조직에 영향을 미칠 수 있는 모든 것
외적 조건으로서 환경은 모두에게 동일	조직의 생존은 필수적인 자원의 습득과 유지 · 통제할 수 있는 능력에 달린 것
감지된 환경변화들 중 중요하다고 판단되는 것에만 반응	소유한 자원이 희소자원일수록 다른 조직에 비해 더 큰 권력 소유
환경에 걸맞은 자원을 획득해나가는 것	자원에 관한 조직 간의 차이가 곧 조직 간에 권력의 차이

▲ 자원의존이론에서의 환경과 자원

 지식 확장

자원의존이론은 조직 간의 권력차이에 주목한다. 때문에 조직 내의 계층 간 권력차이는 무시하는 경향이 있다. 그러나 조직 내의 계층 간 권력차이가 결코 간과되어서는 안 된다. 계층 간 권력차이가 조직 간 권력투쟁의 과정을 통해 얻은 이익을 없앨 수 있기 때문이다. 계층의 상층부를 점유한 조직의 최고관리자가 조직 간 투쟁과는 상관없이 핵심적 희소자원을 확보하기 위한 전략적 판단을 내릴 수도 있는 것이다.

┌─ **실전 응용** Delivery ─────
│ 한국의 상장기업들이 외국인 이사를 선임하는 요인을 자원의존이론의 관점에서
│ 분석하시오.

제3의 길
Third Way

정치적 사회민주주의와 경제적 자유주의를 조화한 중도좌파적 이념

● ● ●

#앤서니기든스 #중간계급 #신혼합경제 #사회투자국가

 3분 개요

사회주의 복지국가와 신자유주의 시장경제의 단점을 배제하고 장점만을 융화시킨 새로운 개념의 차별화 전략을 말한다. 현대 영국의 사회학자 앤서니 기든스Anthony Giddens, 1938~.가 이론적으로 체계화했고, 1998년 3월 영국의 총리 토니 블레어가 프랑스 하원에서 한 연설에서 처음 언급했다.

복지국가를 지향하는 사회민주주의를 제1의 길, 시장경제를 지향하는 신자유주의를 제2의 길로 규정하고 이에 대한 절충적 대안으로 제3의 길을 지향하자는 것이다. 복지국가의 비효율성 등을 온건적으로 개선하자는 데 초점을 둔다.

애덤 스미스의 《국부론》에서 시작된 자본주의는 사유재산을 인정하고 순수경쟁을 받아들임으로써 시장을 활성화해 사회를 급속도로 성장·발전시켰다. 그러나 반면에 빈부의 격차를 가져왔다.

이에 마르크스는 《자본론》에서 자본주의의 단점을 극복하기 위한 해법으로 사회주의_{공산주의}를 주창했다. 자본주의의 문제, 평등실현과 빈곤철폐를 실현시켜 모두가 잘사는 사회를 건설하자고 한 것이다. 그러나 중앙통제경제와 감시·감독체제로 인해 시장은 활기를 잃었고, 생산성 측면 효율성도 급격히 떨어뜨렸다. 이렇게 자본주의와 사회주의는 각각의 장점과 단점을 가진 채 정치적·경제적인 극단적 대립으로 20세기를 지나게 되었다.

그런데 냉전시대가 종식되고 동유럽 공산사회주의 국가들이 붕괴하면서 개인주의와 자본주의에 대한 대안으로서 출범했던 사회주의가 현실적으로 몰락하자 사회주의적 가치, 사회주의 경제, 사회주의 사회를 주장하던 서구의 전통 좌파세력은 충격을 받았다. 그리고 사회주의가 몰락한 이유를 찾기 시작했다.

게다가 시대는 자본주의의 자유경제체제를 좇는 신자유주의가 큰 영향력을 발휘하기 시작하고 있었다. 신자유주의 안에는 커다란 두 개의 기둥이 있었다. 하나는 우익 또는 보수주의로서 전통과 도덕적 영역의 자율성을 강조하는 것이었고, 다른 하나는 시장의 논리와 개인의 합리적 선택을 중시하는 것이었다.

반면 유럽 내에는 여전히 사회민주주의의 전통이 남아 있어 시장경제나 사회경제적 영역에 국가의 깊숙한 개입을 요구하고 있었다. 이런 이유로 신자유주의는 사회민주주의에 대해 거센 비판을 가하고 있었다.

이런 때에 영국 노동당의 토니 블레어가 수상이 된 뒤 '제3의 길'이 앞으로 나아갈 길이라고 주장하고 나선 것이다. 또 미국의 민주당은 스스로 신민주당, 영국의 노동당을 신노동당으로 부르기 시작했다. 이런 과정을 통해 제3의 길이 새로운 대안으로 확실히 떠올랐다.

이후 영국 노동당의 고든 브라운도 블레어정부처럼 제3의 길을 내세워 집권에 성공했다. 이런 사회민주주의의 몰락과 신자유주의 대두의 분위기 속에서 이 둘의 단점을 극복하기 위한 대안으로서의 '제3의 길'을 이론으로 정립한 학자가 앤서니 기든스였다.

기든스가 말하는 제3의 길은 전통적 스타일의 구식 사회민주주의와 신자유주의를 모두 초월하는 새로운 이념이다. 단순히 사회민주주의 전통을 따르는 것이 아니라 이것을 변동하고 있는 세계에 부합하도록 재구성하는 데 목적이 있다. 그 방법은 역동적인 정부와 역동적인 시장을 결합시키는 것으로서 국가나 시장이 서로 상대를 지배하는 것이 아니라 협력하는 것이다.

아울러 제3의 길은 변화된 서구사회에 맞는 계급구조를 반영했다. 현대의 자동화·정보화 생산기술은 기존 사회민주주의 체제에서의 조직된 노동계급의 수를 줄이고 영향력을 감소시킨 한편 현대의 시스템에 맞춰 새로운 계급이 등장했다. 바로 중간계급이다.

중간계급은 과거의 노동계급과 달리 다양한 의제에 관심을 둔다. 환경문제, 인종 · 성별과 같은 차별문제는 이제 우리 사회에서 노동문제만큼이나 중요해졌기 때문이다. 반면 노동계급의 영역은 혼탁해졌다. 즉, 노동과 자본으로 양분되어 있는 것이 아닌, 노동과 자본 사이에 수많은 영역들이 새로 탄생하여 어느 한쪽으로 구분되어 질 수 없는 위치에 선 사람들이 바로 중간계급이다. 이제 현대사회는 신흥계급인 중간계급을 포함할 수 있는 이론이 필요했고, 이런 기대에 부응한 것이 바로 기든스의 제3의 길이었다.

기든스는 신자유주의를 비판했고 신자유주의를 대신할 대안이 필요하다고 했다. 먼저 시장경제에 온전히 내맡긴 탓에 소득불평등과 사회양극화가 극심해진 상황에 대해 깊은 반성을 촉구했다. 그리고 정의와 평등, 연대의 가치를 조화시키는 새로운 틀이 필요하다고 주장했다. 기든스는 그 새로운 대안이 바로 제3의 길에 있다고 했다.

기든스는 특히 제3의 길을 이루는 여섯 가지 중심과제를 강조한다.

- 작은 정부 및 투명하고 효율적인 정부기구
- 시민사회의 재구성
- 규제 완화 및 민영화 등을 통한 시장중심적 신혼합경제
- 인적자원의 개발과 위험사회에 대한 처방으로의 복지체제
- 생태적 현대화

• 세계적 민주주의를 관철할 수 있는 범세계적 관할체제

핵심은 자본주의에 입각한 자유경제체제를 기반으로 하고, 평등에 입각한 분배를 위해 정부의 통제가 필요하다는 것이다. 이때 정부는 조직적으로 투명해야 하고 적극적 개발로 좋은 일자리를 많이 만들어야 한다. 개인은 자발적으로 자신의 부를 통해 사회를 이롭게 할 방법을 모색할 수 있어야 한다. 역동적인 정부와 정의로운 시민이 조화를 이루를 사회를 만들 수 있다는 것이다.

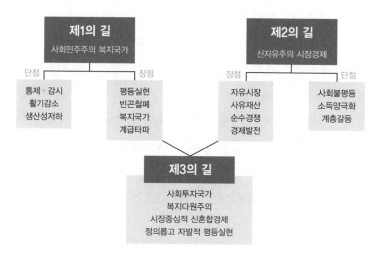

 지식 확장

제3의 길은 근본적으로 경제개념이다. 개인과 기업 및 국가가 적극적으로 자기역할을 수행함으로써 기존의 국가와 시장 중심의

복지모형이 가진 한계를 극복하려는 것이 제3의 길의 핵심주제다. 이러한 생산적 복지개념은 '사회투자국가론'으로 발전했다.

사회투자국가란 복지지출과 사회투자를 통해 경제성장과 효율 향상에 기여하는 사회정책을 실행하는 국가를 말한다. 이때 투자의 핵심은 인적자본에 대한 투자로서 핵심대상은 아동이어야 한다. 경제적 기회와 복지를 제공하는 것을 국가의 의무로 하는 동시에 노동을 통해 스스로를 부양하는 것을 시민의 의무로 규정하며, 지식 기반의 경제에 적응해서 시장에서 살아남을 수 있도록 국가가 청소년을 도와야 한다.

그러나 이와 별개로 대한민국에서 제3의 길은 보수와 진보의 틀을 넘어서는 정치를 가리키는 용어로 오용되고 있다. 이른바 '중도'라는 이름을 내세운 정치집단들이다. 이들은 목적에 따라 보수와 진보를 넘어서는 진정한 새로운 진보, 새로운 보수, 새로운 중도라고 각각 주장하고 있다. 유럽에서도 극우와 극좌의 중심이라는 의미로 극중을 내세워 선거에 뛰어들고 있다.

실전 응용 Delivery

복지국가를 뒷받침하는 사상적 이론을 하난 설명하고, 이론의 허점을 제시하시오.

Fast Food Humanities

PART

패스트푸드 인문학

사회·문화

마녀사냥

Chasse aux Sorciéres

마녀 · 마법사에 대한 중세 유럽의 가혹행위

• • •

#종교재판 #흑사병 #100년전쟁 #위그노

 3분 개요

교회가 사회 전반을 장악하고 있던 시절, 교회는 권력과 기득권을
유지하기 위하여 교회 권력에 대항하는 것으로 보이는 이들을 마
녀나 마법사로 몰아 고문, 재판, 사형에 이르는 행위들을 자행했
다. 초기에는 마녀의 재판을 종교재판소가 전담했지만 이후 세속
법정이 주관하게 되면서 광기에 휩싸였다.

현대 인류학자 마빈 해리스Marvin Harris, 1927~2001의 연구에 따르면
15~18세기에 이르는 동안 마녀 또는 마법사라는 죄목으로 처형된
사람이 무려 50만 명에 이른다고 한다.

14세기 중반 유럽은 두 개의 큰 공포에 사로잡혀 있었다. 오스만제국의 침공과 함께 건너와 인류 역사상 최악의 사망률을 기록한 흑사병, 그리고 영국 · 프랑스 · 플랑드르에서 벌어져 116년 동안 유럽의 중심부를 폐허로 만든 100년전쟁이다.

▲ 마녀로 지목된 자의 고문장면

흑사병은 최초 발병 후 당시 유럽 인구의 30%를 죽음이 이르게 했고, 그 이후에도 1700년대까지 100여 차례 발병, 전 유럽을 휩쓸었다.

하지만 당시 의학으로는 흑사병의 원인이 비위생적인 환경에 기인한다는 것을 알지 못했다. 이 때문에 맹목적으로 종교에 매달렸고, 사태가 진전되지 않자 교회는 희생양을 필요로 했다. 그 결과 거지, 유대인, 한센병 환자, 외국인 등이 마녀사냥으로 집단폭력을 당하거나 심지어는 학살을 당했다.

100년전쟁은 모직물공업의 중심지인 플랑드르를 차지하고 있던 영국 왕실이 대륙으로의 진출을 노리던 중 프랑스 왕이 계승권자를 남기지 않고 사망하자 프랑스의 왕위 계승권을 주장하며 침공하면서 시작되었다. 영국이 플랑드르를 포기하는 것으로 전쟁은 끝났다. 하지만 무차별적으로 포로를 죽이거나 전쟁자금의 부족으로 점령지를 약탈한 영국군 때문에 프랑스의 민심은 흉흉해졌고, 프랑스 농촌은 회생이 불가능할 정도로 피폐해졌다. 반면 명목상 승리를 거둔 프랑스 왕실은 전에 없는 절대왕권의 기틀을 잡아나갔다.

▲ 100년전쟁의 도화선이 된 플랑드르 위치

그런데 문제가 발생했다. 농촌경제가 무너지자 유민들이 도시로 몰려들면서 상공업 위주의 산업이 발전하게 되고 이 과정에서 재산을 축적한 시민세력이 등장했는데, 이들이 종교개혁의 물결 속에서 신교도의 길을 선택한 것이다.

이는 전통적으로 구교가톨릭의 세력을 손아귀에 쥐고 있던 프랑스 왕실발루아 왕조에게는 위협이 되었다. 결국 프랑스 왕실과 교황청은 성 바르톨로메오 축일에 참석한 위그노신교도 7만 명에 대한 학살을 자행했다.

이날의 학살은 로마 가톨릭교회를 지지하는 국가들과 개신교를 지지하는 국가들 사이의 30년전쟁으로 확대·전개되었다. 30년 전쟁은 인류의 전쟁사에서 가장 잔혹하고 사망자가 많은 전쟁으로 사망자수가 800만 명에 이른다.

한편 15세기 후반 가톨릭교회는 세속적 욕망에 찌는 부패한 집단이었다. 이에 1484년 도미니코수도회는 타락한 교회를 질타하기 위해 예수와 대립된 존재로서 이전에는 없었던 '마녀'라는 개념을 만들어냈다. 그러나 애초의 취지와 달리 이교도의 침입과 질병, 가톨릭의 타락, 종교개혁으로 분열되었던 종교적 위기상황에서 점차 악용되기 시작했다. 시대가 겪고 있던 문제들의 원인을 마녀에게서 찾은 것이다.

교회는 마녀로 지목된 사람의 재산까지 몰수했다. 마녀인지 아닌지를 판결하는 종교재판에 소요되는 모든 비용을 마녀가 지불해야 한다는 이유에서였다. 세간의 불만을 잠재우는 용도와 상업적인 이유로 마녀사냥은 점점 더 성행했다.

마녀의 지명은 일방적으로 이루어졌다. 광기에 빠진 마녀사냥꾼들은 평범한 이웃들이었다. 그런 그들이 평소 못마땅하게 여긴 이들을 마녀로 고발하고, 마녀로 지목되는 순간 바로 마녀가 되었다.

마녀인지 아닌지를 밝히는 데 증거는 중요하지 않았다. 자백만 있으면 그만이었다. 결국 극악한 고문이 필요했다. 죔쇠로 손가락을 으스러뜨리기, 벌겋게 달군 쇠꼬챙이로 살을 지지기 등은 약과였다. 마녀의 몸에 바윗덩어리를 매달아 관절에서 뼈를 빼버리기도 했다. 고문으로 죽거나 자백을 한 후 화형으로 죽거나 죽기는 매한가지였다.

특히 여성이 주로 대상이 되었는데, 기독교의 남성주의적 관점에서 여성 그 자체가 원죄라는 인식에 기인한 것으로 풀이된다. 그중에서도 늙고 가난한 독신여성과 돈 많은 과부가 마녀사냥의 주요 타깃이었다. 자신을 변호하거나 보호할 수 없는 낮은 사회적 지위였기 때문이었다.

 지식 확장

마녀사냥은 오늘날 어떤 집단이 자신들만의 논리를 내세워 개인을 집중적으로 공격하거나 몰아세우는 것을 빗대는 말로 사용되고 있다. 특히 연예인이나 정치인들이 그 대상이 되는데, SNS와 각종 커뮤니티를 중심으로 한 인터넷 여론의 중요성이 커지면서 마녀사냥에 의한 피해 역시 점점 커지고 있다.

그 과정은 다음과 같다.

• 언론의 잘못된 보도나, 당사자 또는 관찰자가 SNS에 올린 일방적 주장이 확산된다.
• 대중은 개연성을 고려하지 않은 채 감정적 대응을 한다.

• 나아가 대상자에 대한 무분별한 비난, 대상자 신상의 악의적 공개, 사실 내용의 과장으로 이어지면서 대상자 외의 특정 성별 · 집단에 대한 혐오로 발전한다.

그러나 더 큰 문제는 애초의 보도 등이 사실이 아니라고 밝혀져도 보도가 정정된다거나 하는 일이 많지 않다는 것이다. 간혹 잘못된 내용이었음이 밝혀지더라도 대중의 화살은 이제 대상자^{피의자}가 아닌 유포자에게로 향할 뿐이다. 또한 유포자나 최초 보도자는 법적 · 윤리적 책임을 지지 않는다. 그러나 일단 유포된 거짓정보는 정정된 이후에도 사라지지 않고 대상자의 인생을 간섭하고 파괴시킨다.

500년 전에도 마찬가지였다. 마녀사냥은 교회가 선제적으로 지목해 진행하기도 했지만, 대부분 고발자는 여성의 이웃이나 가족처럼 평범한 사람들이었다. 오늘날의 마녀사냥과 비교했을 때 종교집단에 의해 자행되느냐 언론에 의해 자행되느냐의 차이만 있을 뿐이다.

실전 응용 Delivery

오늘날에 마녀사냥이 어떤 식으로 악용되고 있는지 미국의 매카시즘과 우리 사회의 문제를 통해 논하시오.

맥도날드화

McDonaldization

문화가 패스트푸드 음식점과 같은 특징을 가지는 현상

· · ·

#조지리처 #대량생산 #대량소비 #표준화

 3분 개요

사회학자 조지 리처George Ritzer, 1940~가 쓴 《맥도날드, 그리고 맥도날드화》에서 사용한 사회학적 용어다. 현대사회의 문화가 패스트푸드 음식점과 같은 특징을 가진다고 한 데에서 유래했다. 패스트푸드 음식점의 특징 및 원리가 미국 사회의 각 부분뿐만 아니라 세계도 지배하고 있다는 의식에서 출발해 최근에는 동일화되어가고 있는 전 세계 문화의 양상을 설명하는 데 사용되고 있다.

리처가 지적한 맥도날드화는 다음 네 가지 특징을 가진다. 맥도날드 회사의 운영원리인 '효율성, 계량가능성, 예측가능성, 통제의 증대'이다.

현대사회는 철저하게 대량생산과 대량소비의 원리로 움직인다. 이 구조 속에서 이윤을 극대화하기 위해서는 투입 대비 산출량을 최대화해야 한다. 따라서 현대사회의 기업은 재료를 표준화하고 세밀한 분업을 통해 신속한 생산을 추구한다.

그러나 이런 대량생산은 대량소비가 전제되지 않으면 파산으로 이어질 뿐이다. 생산된 물건을 팔아서 다시 자본을 생산에 재투자하는 싸이클을 가속화할 수 있는 방법도 만들어내야 한다. 한정된 시간에 더 많이 팔리는 소비자들의 기호, '유행'을 만들어내야 하는 것이다. 사회학자 조지 리처가 맥도날드사에 주목한 것은 이러한 자본주의의 요구를 가장 잘 실현한 것이 맥도날드사였기 때문이다.

일단 맥도날드사는 패스트푸드를 하나의 유행, 즉 문화로 만들었다. 맥도날드 햄버거와 코카콜라를 마시는 사람이 세련된 도시인이라는 이미지를 만들었고, 반대로 식당에서 코스로 하는 식사나 도시락을 갖고 다니는 행위를 구시대의 유물로 만들었다. 햄버거와 코카콜라를 가장 미국적인 음식물, 산업사회를 상징하는 식품으로 만든 것이다. 그 결과 한때 근대화된 도시와 전근적인 도시를 구분하는 기준이 맥도날드 매장이 있는가 없는가가 되기도 했다.

조지 리처는 사회현상이 된 맥도날드를 분석해 다음 네 가지로 주요 구성요소를 정리했다.

▲ 자동화기기(키오스크)로 종업원을
대체하고 있는 맥도날드

- 효율성 : 고객은 맥도날드의 햄버거와 콜라로 배고픔에서 빠른 시간 안에 배부름이라는 목적을 이룬다. 마찬가지로 현대사회는 기관의 모든 요소가 최단시간을 위해 움직이고 있다.
- 측정가능성 : 맥도날드는 누구에게나 동일한 양과 품질의 제품을 제공한다. 비용 대비 효과가 측정 가능한 것이다.
- 예측가능성 : 맥도날드에서 일하는 노동자들은 국가, 지역, 인종에 상관없이 반복적이고 정형화된 동일한 작업을 수행하므로 고객은 동일한 서비스를 받을 것으로 예측한다.
- 통제 : 표준화되고 획일화된 작업을 하는 노동력이 기술발전으로 인해 대체될 수 있다.

	맥도날드의 특징	현대사회의 특징
효율성	배고픔에서 배부름으로 가는 가장 빠른 방법	업무를 달성하는 최적의 방법 추구
측 정 가능성	동일한 양과 품질의 제품 제공	비용 대비 효과가 측정 가능
예 측 가능성	반복적 · 정형화된 동일작업 수행	표준화되고 획일화된 서비스
통 제	획일화된 단순작업	기술발전으로 노동력 대체 가능

▲ 현대사회와 맥도날드 특징의 유사성

조지 리처는 맥도날화의 '합리성의 불합리성'을 언급하면서 노동자와 서비스를 제공받는 고객들의 인정이 부정되고 있다고 비판했다. '맥도날드화된 구조 속에서 인간은 대접받지 못하고 있다', 즉 합리적 물질가치에 밀려 인권이 뒤로 후퇴하게 된다고 지적한 것이다.

맥도날드사의 운영원리는 사회의 다른 부분들로 퍼져 나가면서 근대사회의 새로운 사회·문화적 특징들을 만들어냈다. 맥도날드가 가진 획일성과 동일화된 소비형태가 변형되어 녹아든 것이다.

Size Up 지식 확장

맥도날드의 표준화는 곧 획일화를 의미한다. 전통을 대체한 패스트푸드와 그와 함께 사라진 소통의 시간 때문에 인간은 개인적으로 고립되었고, 맥도날드식 합리화가 세계를 지배하면서 오직 효율적인 것과 빠른 것만이 최고가치라는 현대인들의 획일적인 가치관을 만들어낸 것이다. 맥도날드는 전 세계 어느 곳이든 똑같은 매장·음식·맛을 제공하고, 이에 고객의 취향과 패턴·입맛은 획일화된다.

그러나 획일화되는 것은 입맛만이 아니다. 맥도날드식 합리성에 익숙해질수록 그 속에 내재되어 있는 자본주의의 원리와 가치에 익숙해지는 것이다. '최소의 비용으로 최대의 이윤, 적은 비용으로 양질이며 빠른 서비스'라는 자본주의의 가치만이 중요하게 되는 것이다. 더불어 똑같은 맛을 제공한다는 목적을 위해 원료의 미국화가 이루어지면서 자국의 농·축·수산물이 미국에 의해 지배당한다.

이는 서구식 근대화가 메스미디어와 상품의 수출 등을 통해서 제3세계에 진출하고, 이를 이용해 그 나라의 고유한 전통적 가치를 붕괴시키고 문화적으로 종속되게 만드는 문화제국주의의 또 다른 이름인 것이다.

오늘날 많은 회사들은 맥도날드화의 합리성을 부정하기 위해 노력하고 있다. 양보다는 질에 초점을 맞추고, 서비스와 상품의 예측 불가능성을 즐기며, 외부의 통제 없이 숙련된 노동자들을 고용하기 시작한 것이다. 또한 맥도날드화의 속도를 늦추고 지역문화의 전통적 가치를 살리기 위한 전 국민적 저항운동과 같은 일련의 탈^脫맥도날드화도 동시에 진행되고 있다.

실전 응용 Delivery

모든 것이 시스템에 의해 운영되는 현대사회의 양면성을 맥도날드화를 통해 설명하고, 탈맥도날드화를 위한 아이디어를 제시하시오.

시놉티콘

Synopticon

권력자에 대한 대중의 감시 및 그것이 가능한 사회 기반

• • •

#파놉티톤 #빅브라더 #규율사회 #제러미벤담

 3분 개요

소수의 권력자가 다수의 대중을 지배하고 감시하던 과거 사회와 달리 언론과 통신기술의 발달을 통해 대중이 권력자를 감시하는 것을 가리키는 말이다. 정보화시대가 가져온 인터넷망을 통한 교류와 인터넷의 익명성을 통해 가능해졌다. 권력자에게 쉽게 말할 수 없는 내용을 서로 익명으로 교류하고 빠르게 투합할 수 있다는 것은 여론을 형성하는 데 매우 용이하기 때문이다. 정보통신기술의 발전 외에도 넓은 의미의 시놉티콘의 권력의 견제와 역감시의 기능을 가진 언론과 시민운동 등을 포함한다.

시놉티콘 등장 이전에 우리 사회는 소수 권력자에 의한 감시체제, 파놉티콘Panopticon의 시대였다. 파놉티콘은 18세기 말 영국의 공리주의 철학자 제러미 벤담Jeremy Bentham, 1748~1832이 제안한 개념이다. 효율적인 감시시스템으로서의 원형감옥을 가리킨다.

동그란 돔형 건물의 중심에 감시자의 공간을 만들고 둘레에 죄수의 방이 들어찬 형태의 건물로 간수 한 명이 죄수 수백 명을 감시할 수 있도록 한 것이다. 간수의 위치는 어둡게, 죄수의 위치는 밝게 하여 간수가 죄수들의 움직임을 쉽게 파악할 수 있도록 하고 죄수들은 간수의 움직임을 알 수 없게 했다.

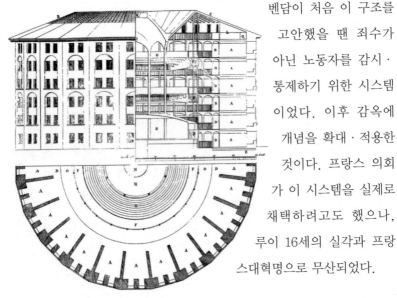

벤담이 처음 이 구조를 고안했을 땐 죄수가 아닌 노동자를 감시·통제하기 위한 시스템이었다. 이후 감옥에 개념을 확대·적용한 것이다. 프랑스 의회가 이 시스템을 실제로 채택하려고도 했으나, 루이 16세의 실각과 프랑스대혁명으로 무산되었다.

▲ 제러미 벤담이 그린 파놉티콘 청사진(1791)

그럼에도 벤담은 판놉티콘의 개념을 감시시설에만 국한하지 않고, 군대의 병영·병원·수용소·학교·공장 등으로 확대될 수 있다고 보았다. 벤담에게 파놉티콘은 최소한의 비용으로 최대의 감독 효과를 누릴 수 있는 이상적인 사회의 축소판이었던 것이다.

애초 건축물의 개념이었던 파놉티콘이 철학적·사회적 고찰의 대상이 된 것은 현대 프랑스 철학자 미셸 푸코Michel Foucault, 1926~1984에 의해서였다. 그는 파놉티콘 체제가 민중을 억압하는 행위라고 보지는 않았지만, 근대의 권력을 설명해주는 장치로 보고 '규율 사회'의 상징으로 이해했다. 또한 그 권력을 억압으로 보지는 않았다.

그러던 것이 21세기 들어서 정치와 언론의 발달, 그리고 무엇보다 인터넷망의 확충과 익명성, SNS의 유행이라는 상황적 변화에 의해 대중이 여론을 형성할 수 있게 되었다. 소수에 의한 지배·감시는 더 이상 불가능하게 되었고, 오히려 대중에 의해 소수의 권력이 감시를 당하는 시대가 된 것이다. 그런 의미에서 시놉티콘은 '역파놉티콘'이라고 한다.

초기의 역감시는 의회와 언론이 주도했다. 그러나 오늘날에는 정치권의 부패, 권력의 남용, 대기업, 언론에 대한 감시를 유지해오고 있는 민중 주도의 시민운동이 시놉티콘의 대표라고 할 수 있을 것이다.

지식 확장

소위 빅브라더*의 존재는 과거 어느 시대에나 있었고, 현재에도 존재한다. 다만, 인터넷, 시민운동, 블록체인같이 중앙서버가 따로 존재하지 않는 범 공간적 수평네트워크의 발달로 인해 현대사회는 빅브라더의 의한 파놉티콘적 일방적 감시가 불가능해졌을 뿐이다.

> **빅브라더**
> Big Brother
>
> 조지 오웰의 소설 《1984년》에 나오는 용어로 정보의 독점과 감시를 통해 사람들을 통제하는 권력자를 의미한다.

문제는 '상호관찰'의 시놉티콘이 건강하게 작동하지 않을 때다. 집 밖으로 나가는 순간 나의 행동은 감시카메라CCTV에 의해 연속적으로 관찰되고, 집 안에서조차 인공지능AI카메라로 관찰되고 있다. 뿐만 아니라 나 스스로 어디에 가고 무엇을 먹고 누구를 만나는지를 SNS에 기록하고 노출시킨다. 그리고 이러한 관찰기록은 역으로 빅브라더에 의해 경제적·정치적으로 이용되기에 이르렀다. 때로는 대중에 의한 감시·폭로로 이어지기도 한다. 이른바 '인터넷 신상털기'가 그것이다.

실전 응용 Delivery

'사생활 침해보다 국민의 알 권리가 우선한다'는 논리를 현대사회의 시놉티콘이 가진 역기능을 통해 비판하시오.

공리주의
Utilitarianism

최대다수의 최대행복을 추구하는 사회사상

• • •

#제러미벤담 #존스튜어트밀 #최대다수최대행복 #행복배제

 3분 개요

다수의 이익을 가치판단, 즉 공리성^{Utility}을 기준으로 하는 사회사상으로 어떤 행위의 옳고 그름은 행위가 인간 전체의 이익과 행복에 기여하는 유용성과 결과에 따라 결정된다고 주장한다. 19세기 중반 영국에서 합리주의를 바탕으로 등장했다.

가치를 효용과 행복의 증진에 두고 '최대다수의 최대행복' 실현을 목적으로 삼았다. 19세기 영국의 제러미 벤담, 제임스 밀, 존 스튜어트 밀 등이 대표적 사상가들이다.

18~19세기 산업혁명과 더불어 자본주의 경제가 발전하자 '이기적 개인이 어떻게 사회 속에서 공존할 수 있는가'에 대한 의문이 부각되었다. 이에 개인의 이익과 사회 전체의 이익을 조화시키기 위한 시도로서 공리주의가 등장하게 되었다. 이때의 공리주의는 현대의 공리주의와 조금 다른데, 구분을 위해 과거의 고리주의를 고전적 공리주의라고 한다.

공리주의는 크게 벤담의 '양적量的 공리주의'와 존 스튜어트 밀의 '질적質的 공리주의'로 나뉜다.

벤담은 《도덕 및 입법 원리의 서론Introduction to the principle of morals and legislation, 1789》을 통해 '최대다수의 최대행복'을 도덕과 입법의 원리로 제시했다. 이를 위해 벤담은 모든 행복을 수치로 표현하고자 했다. 그의 계산법에 따르면 모든 행복과 불행은 '강도, 지속성, 원근성, 생산성, 확실성, 순수성, 연장성'의 일곱 가지 기준에 따라 정량화된다. 그러나 그는 행복의 평등한 분배와 같은 문제에 대한 연구는 하지 않았다.

반면 존 스튜어트 밀John Stuart Mill, 1806~1873은 쾌락의 질적 차이를 주장하며 벤담의 사상을 수정하여 '만족한 돼지보다는 불만족의 인간이 낫고, 만족한 바보보다 불만족한 소크라테스가 되는 것이 낫다'고 주장했다. 정신적 쾌락을 강조한 것이다.

	특징
제레미 벤담	양적 공리주의자 → 최대다수의 최대행복 쾌락, 행복 = 선(善), 쾌락의 양 강조 구체적 쾌락 계산법 제시
존 스튜어트 밀	질적 공리주의자 → 배부른 돼지보다 배고픈 소크라테스 행복 = 삶의 궁극적 목표 쾌락의 질적 차이 강조 수준 높은 정신적 쾌락 강조

공리주의는 인간이 '쾌락을 추구하고 불행을 피하려는 본성을 지닌 존재'이므로 인간행동의 윤리적 판단도 이런 기준을 따라야 한다고 주장했다. 따라서 인간의 쾌락과 행복을 위한 행위는 선이며, 고통과 불행을 만드는 행위는 악이라고 규정했다. 이런 행위의 선악을 쾌락의 기준으로 판단하는 원리를 '공리의 원리Principle of Utility'라고 한다.

고전적 공리주의의 특징을 요약하면 다음과 같다.

- 결과주의 : 행위의 도덕적 가치를 그에 뒤따르는 결과들의 총체적 가치로 계산한다.
- 행복주의 : 행복은 우리가 추구하는 궁극적인 목적이고, 궁극적 선이라는 생각은 우리의 상식과도 어느 정도 부합한다.
- 보편주의 : 이기적이거나 자기중심적 관점을 넘어서서 공정한 관점에 서야 한다.

이런 측면에서 공리주의는 에피쿠로스의 '개인적 쾌락주의'와는 다른 '사회적 쾌락주의'라고 할 수 있다.

존 스튜어트 밀은 '행복을 어떻게 극대화시킬 것인가?'에 대해서 물질의 배분을 통한 행복의 극대화가 아닌, 인류 전체의 행복의 양을 늘리는 '사회변혁'의 가능성을 최대한으로 올려 인류를 발전시킴으로써 얻는 행복의 극대화에 주목했다. 이를 위해 그는 '천재'의 발현을 강조했다.

밀에게 천재는 사회변혁의 열쇠를 쥔 인물이다. 이런 천재는 언제, 어디서, 어떻게 나타날지 알 수 없다. 또한 천재는 기성사회가 받아들이지 못할 기이한 주장과 행동을 할 가능성이 높다. 때문에 밀은 천재가 사회변혁에 성공할 가능성을 최대화시키기 위해서는 사회의 모든 가능성이 최대한 열려 있어야 하고 제약은 최소화해야 한다고 주장한다. 이는 천재의 사회변혁을 위해서는 최소화된 제약 때문에 벌어지는 불편을 공동체가 감내해야 한다는 의미이기도 하다.

이런 이유로 공리주의는 경제적 자유주의를 옹호한다. 이에 따라 19세기 공리주의는 곡물조례_{국내 농업을 보호하기 위한 외국산 곡물 수입 규제}의 폐지와 자유무역을 주장한 자유주의적 경제개혁의 사상적 근거로 활용되었다. 그럼에도 존 스튜어트 밀은 노동입법과 단결권의 보호, 토지의 공유 등을 주장하며 사회개량의 방향을 제시하기도 했다. 이런 요소 덕분에 공리주의는 '다수결의 원리'에 기초한 민주주의적 정치제도와 사유재산 보호의 틀을 고수하는 복지사상에 영향을 끼쳤다.

공리주의 기본이념과 그것이 사회에 미친 영향은 다음과 같다.

- 사회적 공리의 실현을 위해 법으로 개인의 행위 규율·조정
- 다수결의 원리에 기초한 민주주의적 정치제도 제시
  → 보통·비밀선거에 의한 의회개혁운동, 선거제도 개정
- 자유주의적 경제개혁 이념의 사상적 근거
  → 19세기 초 영국 곡물조례 폐지, 자유무역 주장
- 사회개량의 방향 제시
  → 노동이법, 단결권의 보호, 지대공유 주장 등
- 복지사상 발달
  → 사유재산 보호의 틀 안에서 점진적인 분배의 평등 강조
- 사회주의자들의 사상적 근거
- 한계효용설의 성립에 영향

  결과적으로 공리주의는 자유주의와 복지사상, 민주주의와 사회주의 양쪽에 모두 영향을 끼쳤다.

  본래 공리주의는 이기적 자본주의의 논리를 윤리화한 것이다. 그리고 최대다수의 최대행복의 다른 말은 '소수의 행복 배제'이기도 하다. 모두가 아닌 최대를 추구하면 소외되는 소수가 있을 수밖에 없는 것이다.

▲ 제러미 벤담(위)
존 스튜어트 밀

미국의 철학자 존 롤스도 자신의 책 《정의론A Theory of Justice. 1971》에서 공리주의에 대해 "첫째, 사회 전체 만족의 총계를 어떻게 사회구성원들에게 정의롭게 분배할 수 있는가?"에 대하여 공리주의는 아무런 해결책을 제시하고 있지 못했으며, "둘째 최대다수의 최대행복을 위해 희생되는 소수에 대해서는 어떻게 보상할 것인가?"에 대한 대안 역시 제시하지 못했다고 비판했다. 공리주의의 윤리관은 정의와는 거리가 멀다는 것이다.

아울러 공리주의 윤리관의 함정을 극복하기 위한 대안도 제시했다. 그는 먼저 '어떤 사회도 모든 구성원이 평등하지 않다'는 것을 전제해야 한다고 했다. 그리고 이를 해결하기 위해서는 '불평등한 처우가 정당화될 수 있는 것은 그 불평등으로 인해 사회에서 가장 불리한 처지에 놓인 이들에게 이익이 돌아가게 할 경우에 한한다'고 제한했다. 경제적 재화나 가치를 분배할 때 최소수혜자경제적 극빈층에게는 차등을 두어 더 많이 제공해야 한다는 의미다.

존 롤스의 비판 이전에도 공리주의는 빵과 책이 주는 기쁨의 크기를 동일하게 여겼다는 비판을 받았다. 빵과 책 중 어느 쪽의 공리가 큰지는 기준에 따라 다른데도 공리주는 이러한 현실을 외면했다. 자본주의 사회에서는 빵과 책이 동일한 가격에 판매된다면 인간에게 주는 기쁨의 크기도 동일하다고 한 것이다. 이는 곧, 상품경제를 그대로 윤리화했기 때문이다.

카를 마르크스도 최대다수의 최대행복이라는 공리주의적 관점을 지지했지만, 공리주의가 내포한 자본주의적 원칙에 대해서는 비판했다. 대신 생산품의 총량이 늘어난다고 해도 인류의 쾌락 증진에 도움을 주지 못한다고 주장했다. 그리고 절대적이고 무한한 쾌락은 결국 노동으로 인해 파급된 상품의 양, 그리고 그것을 사용할 수 있는 능력에 따라 주어진다고 주장했다.

현대사회에서 공리주의는 '유용성이 입증된 행동양식을 바탕으로 했을 때 좋은 결과를 산출할 확률이 높아진다'라는 개념으로 수정되었다.

실전 응용 Delivery

《정의란 무엇인가?》의 저자 마이클 샌델은 "도덕은 목숨의 숫자를 세고, 비용과 이익을 저울질하는 문제인가?"라고 물었다. 이 질문에 공리주의적 관점으로 답하시오.

사슴사냥게임
Stag Hunt Game

공동이익과 개인이익 사이에서 오는 사회적 딜레마

• • •

#장자크루소 #인간불평등기원론 #브렉시트

 3분 개요

'안전'과 '사회적 협력' 사이의 갈등관계를 설명하는 말이다. 협동
상황에서의 심리적 경향을 가리킨다.

한 사냥꾼이 토끼를 발견하고 자신의 개인적인 잇속만 챙기려다
많은 사람들의 배까지 채워줄 수 있는, 더 가치 있는 '사슴'을 놓쳤
다는 장자크 루소의 우화를 근거로 만들어진 개념이다. 확신게임
Assurance Game이라고도 한다.

서로가 협력했을 경우 이익이 더 크지만, 상대방의 협력의지를
확신할 수 없을 때에는 보상이 작더라도 혼자서 할 수 있는 일을
하려는 심리적 경향을 설명할 때 주로 사용된다.

대서양 난류로 인한 따뜻하고 강우량이 많은 기후의 영향으로 울창한 숲이 많은 유럽에는 오래전부터 숲과 그 숲에 사는 마녀, 사냥꾼과 관련된 이야기가 많았다. 아울러 세상일이나 철학적 문제를 비유하는 데에도 관련 소재로 사용되었다. 루소의 우화 '사슴사냥'도 이런 분위기 속에서 자연스러운 소재이자 비유였다.

루소가 《인간불평등 기원론》에 소개한 '사슴사냥' 이야기는 다음과 같다.

두 명의 사냥꾼이 사슴을 잡기 위해 자신이 맡은 길목을 꼭 지킬 것을 약속한다. 토끼를 사냥하기 위해서는 한 명의 사냥꾼만으로도 충분하지만, 토끼보다는 사슴을 사냥할 때 얻는 이익이 더 크기 때문이다.

그렇게 사냥꾼들이 각자 맡은 길목을 지키고 있는데, 그 옆으로 토끼 한 마리가 지나간다. 이를 본 사냥꾼은 "사슴을 잡지 못해도 토끼 한 마리면 자기 배를 채우기에는 충분하다" 라는 생각을 하게 되고, 결국 토끼를 쫓아 포위망을 이탈해버린다. 이 때문에 사슴은 도망쳐 버리고 만다.

이 이야기에는 다음과 같은 전제조건이 있다.

- 각각의 사냥꾼들은 토끼나 사슴을 선택하여 잡을 수 있다.
- 사슴을 잡으려면 파트너와 협력을 해야 한다.
- 사냥꾼들은 상대의 협조에 확신을 하지 못한 상태이다.
- 하나의 행동만 선택해야 한다.
- 토끼는 혼자의 힘으로 사냥할 수 있다.
- 사슴의 가치가 각자 토끼를 사냥했을 때의 합보다 크다.

　사냥꾼들은 두 가지 선택 중에 하나를 고민하게 된다. 함께 협조하여 사슴을 사냥하는 것이 모두에게 이득인 것을 알고 있지만, 상대가 함께 사슴을 잡는다는 공동의 이익을 위한 약속을 저버리면 나는 토끼라는 나만의 확실한 이익도 얻을 수 없게 된다. 반면 내가 토끼를 잡기 위해 포위망을 풀어버리면 사슴을 잡을 수 있는 기회는 날아가고 만다.

▼ 사슴사냥을 주제로 한 14세기 삽화

문제는 이런 고민이 나만의 것이 아니라는 것이다. 내가 배신을 고민하듯 상대로 그럴 수 있다는 의미다. 특히 상대방의 배신에 대한 불신이 있다면 더더욱 사슴사냥을 선택하기 어렵다. 상대가 배신을 선택하면 손해는 나만의 것이 되기 때문이다. 이때 우리는 불확실하지만 큰 이익을 좇을 것이냐, 작지만 확실한 이익을 좇을 것이냐 갈등하게 한다.

이는 개인의 이익과 공동의 이익에 관한 것이다. 사슴은 공동의 이익이고, 토끼는 개인의 이익이다. 사슴사냥은 구성원 간의 협조를 통해 달성 가능한 공동이익^{사회적 균형}과 각자 개인플레이로 달성되는 개인이익^{이기적 균형} 중 어느 것을 선택할 것인가에 대한 고민을 하게 만든다. 즉, 루소는 사슴사냥이라는 비유를 통해 이런 갈등 상황에서 사회적 계약을 이용해 협조를 강제해야 한다는 주장을 보여주고자 한 것이다.

 지식 확장

‘사슴사냥’ 이야기는 한 사회의 협력관계를 넘어 국제사회의 협력관계도 설명한다. 국제사회는 기본적으로 무정부적인 특성을 가지고 있다. 때문에 자국의 이익에 따라 협력과 배신을 자의적으로 선택한다.

그런데 대부분의 국가는 모두에게 이익이 되는 사슴사냥, 즉 국제협력보다는 국제협약을 배반하고 토끼를 택한다. 그 이유는 사습을 잡는 것에만 집중할 수 있도록 통제하는 중앙권위체가 존재하지 않기 때문이다.

그럼에도 국제사회에서 최선의 화두는 기본적으로 전쟁을 막는 것이다. 전쟁을 막는 가장 좋은 방법은 국가 간 연합이지만 자국의 이익을 최우선으로 하는 각국의 이기심 탓에 쉽지 않다. 이에 루소는 국가연합이 제대로 작동하려면 국가연합의 힘이 개별 국가의 힘보다 월등히 강해야 하고, 국가연합 공통의 법을 어기는 어떠한 시도도 용납할 수 없게 해야 한다고 주장했다.

그런 의미에서 오늘날 유럽의 재정위기나 경제위기 역시 사슴사냥의 딜레마에 처해 있다. 프랑스와 독일 등은 이 위기를 '유럽합중국The United States of Europe'으로 나아가는 방향으로 해결하고자 한다. 바로 재정통합을 이루자는 것이다. 그럼에도 현재 유럽연합EU, European Union 27개국 가운데 영국·헝가리·체코·스웨덴 등 4개국은 조심스러워 하고, 특히 영국은 EU 탈퇴까지 공식적으로 선언하고 나선 상황이다.

유럽의 나라들은 오랫동안 사슴사냥을 함께하며 신뢰를 쌓았다. 역사적 경험과 지혜를 결집한 과정을 거치며 제2차 세계대전 이후 전쟁이 없는 평화시대를 구가했다. 하지만 경제위기로 개별 국가의 이기심이 발동하고 있는 것이다. 영국의 EU 탈퇴 선언 역시 이런 국가이기심으로 해석할 수 있다.

한편 공동의 이익을 위한 협조가 가능하려면 리더의 역할이 중요하다. 그 가운데 가장 중요한 것은 소통이다. 그중에서도 협력의 틀에서 이탈하지 않게 하려면 모든 구성원에게 '분배에 대한 정의'가 확실하게 각인되어 있어야 한다. 그것은 소통으로 가능한 일이다. 그래야만 눈앞의 있는 사익을 좇지 않게 된다.

또한 한 명의 이탈은 곧 전체의 붕괴를 의미한다. 이런 의미에서 소통은 생존과 직결된다. 여기서 중요한 것은 리더의 판단력이다. 사슴을 잡을 가능성이 낮은 경우 각자가 토끼를 잡을 수 있도록 의사결정을 해야 한다. 결정사항 역시 구성원들에게 명확하게 전달되어야 한다. 협업은 신뢰가 바탕이어야 하고, 신뢰는 소통을 기반으로 하며, 소통은 리더십에 의해 좌우되기 때문이다.

실전 응용 Delivery

영국의 유럽연합 탈퇴(브렉시트, Brexit) 추진을 루소의 '사슴사냥게임'으로 설명하고 합리적으로 비판하시오.

쉬어갈래요?

오늘날 국제연합(UN, United Nations)은 세계평화의 유지를 위해 설립된 국제기구로서 평화유지, 군비축소, 국제협력 등의 활동을 한다. 주권국으로 인정되는 전 세계 대부분의 국가는 국제연합의 회원국이다. 뉴욕에 본부가 있고, 매년 총회를 열고 있다. 공식 언어로는 영어, 에스파냐어, 프랑스어, 중국어, 아랍어, 러시아어를 사용한다. UN은 전 회원국이 참여하는 본회의 외에 목적에 따라 다양한 주요기구 · 전문기구 · 보조기구로 구성되어 있다.

안전보장이사회(UNSC, United Nations Security Council)

평화와 안보를 중재하는 역할을 하며, 군사적 구속력이 있는 결정을 내리는 유일한 구조체다. 5개국의 상임이사국과 10개국의 비상임이사국으로 총 15개국으로 구성되어 있다. 15개국이 안건에 대해 3분의 2 이상 동의할 경우 안건은 통과된다.

▲ 국제연합 엠블럼

상임이사국은 미국 · 영국 · 프랑스 · 러시아 중국으로 정해져 있고, UN의 전체 안건에 대한 거부권을 행사할 수 있는 권한이 있다.

그 외 10개의 비상임이사국의 선출은 대륙별 쿼터가 정해져 있어 국가별 합의에 의해 돌아가며 선출된다. 임기는 2년이고 매년 5개국씩 돌아가며 선출된다.

국제연합사무국(Secretariat of the United Nations)

국제연합 사무총장을 수장으로 국제연합의 운영 · 사무를 총괄하는 기관이다. 사무국 직원들은 세계시민에게 봉사한다는 뜻으로 국제공무원(International civil Servants)이라고 부른다.

국제연합 사무총장은 '국제사회의 조정자'로서 헌장에는 '국제연합의 최고 행정관'으로 규정되어 있다. 사무총장의 의무는 국제분쟁을 조정하며 평화유지군 관련 결의 조정과 국제회의 준비, 총회결의안 이행 등이다. 유엔헌장상 사무총장의 임기는 5년이며 10년까지 연임할 수 있다.

국제사법재판소(ICJ, The International Court of Justice)

국제연합의 가장 주요한 사법기관이다. 네덜란드 헤이그에 있다. 1945년 유엔헌장에 따라 최초 설립되었고, 이듬해 국제정의재판소를 계승해 탄생했다. 국가 간 분쟁을 조정하고 대량 살상을 저지르거나 불법 전쟁범죄와 관련된 사건을 다룬다.

▲ 국제사법재판소의 기

국제연합의 가맹국은 물론 비가맹국도 일정한 조건 아래에서 소송의 당사국이 될 수 있다. 다만 소송의 결과를 불복한다고 하여 군사적 제재를 가할 권한은 없다.

재판관은 국제연합 총회 및 안전보장이사회에서 선출된 15명으로 구성되며, 국제법을 적용하여 심리한다.

유엔경제사회이사회(ECOSOC, the Economic and Social Council)

안전보장이사회, 신탁통치이사회와 함께 3대 이사회 중 하나다. 본부는 미국 뉴욕에 있다. 1945년 세계 경제·사회의 협력과 증진을 목적으로 설립되었고, 정기총회의 업무를 보필하는 역할을 한다. 국제연합 총회에서 3분의 2 이상의 찬성표를 얻어 선출된 54개국이 3년간 이사국이 된다. 단, 의장의 임기는 1년이다.

대한민국은 1992년·1997년·2000년에 이어 2019년 6월 14일에 다시 선출되면서 2008년 이후 5회 연속해서 이사국이 되었다. 이번 임기는 2020~2022년까지다.

프레이밍효과
Framing Effect

수용자의 인지상태에 따라 동일 내용에도 반응이 달라지는 현상

• • •

#어빙고프먼 #확증편향 #합리적선택 #프레임

 3분 개요

선택과 전달에 있어 인간은 자신만의 틀을 가지고 사고하고 행위를 한다는 심리학·경제학 용어.

개인이나 집단은 살아가면서 외부의 정보를 이해하기 위한 각자의 틀Frame을 형성하게 되는데, 이 틀은 세상을 이해하고 판단하는 기준이 된다. 정보의 전달자는 이것을 이용해 수용자가 정보에 대한 감정적·이성적 판단을 내릴 때 자신이 원하는 방향으로 유도할 수 있다. 이러한 경향을 프레이밍효과라고 한다. 1974년 미국의 사회심리학자 어빙 고프먼Erving Goffman, 1922~1982이 처음 제시했다. '틀짜기효과'라고도 한다.

선택과 전달에 있어 인간은 자신만의 틀을 가지고 사고한다. 때문에 어떤 질문에 답할 때 동일한 내용이라도 질문의 표현방법에 따라 대답이 달라질 수 있다. 이때 정보의 수용방식을 틀 또는 프레임이라고 하고, 프레임에 따라 판단이나 선택이 변하는 것을 프레이밍효과라고 한다. 나아가 사람이 선택을 할 때 특정한 '틀'을 사용한다는 것이기도 하고, 일정한 틀을 가지고 상대의 판단을 유도한다는 것이기도 하다.

이러한 틀은 세계관·가치관으로 이해되기도 한다. 개인이 비교적 일관되고 장기적으로 보유하는 성향이기 때문이다. 그때의 기분이나 짧게 들은 정보에 의해 단기적으로 생성될 수도 있다. 때문에 경우에 따라서는 정보의 전달자가 수용자에게 틀을 직접 주입시킬 수도 있다.

인간은 보통 경험 등을 바탕으로 인식의 틀을 형성한다. 이러한 틀에 따라서 같은 문제에 대해서 다른 관점을 가지게 되며, 이때 긍정적 프레임을 가지느냐 부정적 프레임을 가지느냐에 따라 의사결정도 달라진다. 하지만 이런 방식은 판단할 때 흔히 범하는 오류다. 보통은 자신이 합리적인 선택을 했다고 생각하지만, 본질적으로 상황적 판단에 의해서 의사를 결정하는 경향이 강하기 때문이다.

한 예로, 인체에 치명적인 바이러스를 옮기는 정글모기가 발생하여 사람들이 위험에 처해 있을 때를 가정해보자. 정보의 수용자에게 위험정도에 대한 정보를 전달하는 데 있어 다음과 같은 두 가지 표현방법이 있다.

- 전체 600명 중 200명은 살게 될 것이다.
- 모두 살 확률은 1/3, 아무도 살지 못할 확률은 2/3이다.

1과 2는 동일한 내용이다. 그럼에도 대부분은 1을 선택한다. 정보의 전달자가 수용자에게 '살지 못한다'는 부정적 프레임을 전달하는 것을 회피하기 때문이다.

의사가 암환자에게 수술결과를 설명할 때에도 마찬가지다. 생존가능성이 90%, 사망가능성이 10%인 경우 환자에게 생존가능성 90%만을 고지했을 때와 사망확률 10%만을 고지했을 때에는 환자의 반응이 다르다. 환자는 90% 생존가능성만을 고지받았을 때 보다 긍정적 반응을 보이는 것이다.

한편 프레이밍효과를 이용하면 같은 문제라 하더라도 어떻게 질문하느냐에 따라 대상의 선택을 유도, 내지는 조작이 가능하다. 여론조사에서 질문을 어떻게 하느냐, 예시문항을 어떻게 배치하느냐에 따라 결과가 달라질 수 있는 것이 그것이다. 조사기관의 의도에 따라 문제와 예시를 전략적으로 배치하면 결과를 조작할 수 있는 것이다. 언론은 자사 성향에 맞는 기사를 전면에 배치하거나 보도함으로써 독자 및 시청자의 판단을 유도한다.

이 외에도 프레이밍효과가 사용되는 분야는 광범위하다. 개인적인 화술부터 사람의 심리와 행동을 조절할 필요가 있는 산업이라면 어디든 적용된다. 기업들은 마케팅기법으로서 프레이밍효과를 적극적으로 활용하고 있다.

지식 확장

사람들은 자신이 합리적 선택을 했다고 하지만 실상은 상대방이 제시하는 프레임에 의해 본인이 자각하지 못한 감성적인 선택을 한다. 똑같은 말이라도 '아 다르고 어 다르다'는 것이다.

이러한 심리효과는 대중매체의 보도에서 흔히 볼 수 있다. 객관적 사실은 하나이지만 보도방법상 논설이나 각종 방송기법을 이용해 자사의 이해를 반영한 일종의 프레임을 형성하고, 이를 통해 대중들로 하여금 자사에게 유리하거나 의도한 방향으로 판단하도록 유도하는 것이다.

그런데 보통 언론 및 미디어를 통해 정보를 획득하는 수용자는 이미 선택한 매체와 그 성향이 일치하는 경우가 대부분이다. 여기에 자기가 싫어하는 정보에는 무관심하고 자신이 원하는 정보에만 관심을 갖는 대중의 확증편향이 더해지면 프레이밍효과와 확증편향이 서로 상승작용을 하게 된다. 자신의 생각과 이념에 유사하거나 일치하는 논지를 지닌 언론사만 보다 더 신봉하게 되는 것이다.

이런 현상은 미디어 입장에서 보면 지지층을 확보하는 데 유리한 점이 있다. 대신 지지층의 기대에 반하는 프레임을 만들지 못하고 그러한 보도를 할 수 없다는 제약을 갖게 된다. 만약 종래의 성향과 다른 분위기의 논지를 흘리게 되면 지지층의 외면으로 이어져 언론사의 존폐에 큰 영향을 미치게 된다. 결과적으로 자기 스스로를 옭아매는 꼴이 되고 말 위험성이 있는 것이다.

실전 응용 Delivery

"여론은 실제 환경이 아닌 뉴스미디어가 구성한 환경과 일치한다"는 언론인 월터 립만의 관점에서 프레이밍효과의 위험성을 논하시오.

권위에 대한 복종
Obedience to Authority

인간이 정의가 아닌 권위에 복종하는 결과를 얻은 심리학 실험

• • •

#스탠리밀그램 #대리자적상태 #유대인학살

 3분 개요

설득력과 권위 아래 명령받은 인간은 아무리 부도덕한 명령이라도 실행하는 경향을 말한다. 이를 검증한 '권위에 대한 복종실험일명 복종실험'은 1973년 미국의 심리학자 스탠리 밀그램Stanley Milgram, 1933~1984이 진행한 심리실험이다. 20세기를 대표하는 심리학 실험으로 꼽힌다.

사람들이 권위 하에서 도덕적 규범을 무수하고 얼마나 잔혹하게 행동할 수 있는지를 실험했다. 그 결과 설득력 있는 상황하에서 사람은 이성적이냐 아니냐의 문제와는 별개로 도덕적 규범이나 정의를 무시하고 명령에 따라 잔혹해질 수 있다는 결과를 얻었다.

실험은 다음과 같이 진행되었다.

밀그램은 실험 참가자 총 40명을 모아 진행할 실험이 '징벌에 의한 학습효과'를 검증하는 시험이라고 거짓취지를 설명했다. 그리고 밀그램은 실험에 참가한 피실험자를 두 명씩 20개조로 나눈 다음 제비뽑기로 '교사'와 '학생'의 역할을 맡겼다. 그런 다음 학생 역을 맡은 이를 전기의자에 앉혔다. 이제 교사에게 문제를 내게 하고 학생은 그 문제에 답을 하게 하는데, 만약 오답이면 교사의 명령에 따라 학생에게 전기충격을 가하게 했다. 틀릴 때마다 전기 충격의 강도는 15볼트에서 450볼트까지 15볼트씩 점점 더 높아지도록 했다.

그러나 이 실험의 진짜 목적은 '권위에 대한 복종'에 대한 것이었고, 학생 역할의 피실험자는 배우로서 일부러 오답을 내어 교사 역의 사람이 전기충격을 가하게끔 유도했다. 일반 실험참가자는 교사 역할을 하게 된 20명뿐이었고, 이들이 고작 4.5달러의 대가를 받고 정말로 학생 역에 사람들에게 전기충격을 가하는지를 관찰하는 것이 실험의 목적이었던 것이다.

실험장에는 교사와 학생 두 명 외에 실험을 관찰하는 역할을 맡은 이가 한 명 더 있었다. 흰색 가운을 입은 감독관은 교사가 전기충격을 가하는 것을 꺼려할 때마다 "모든 책임은 내가 진다"는 말로 설득하게 했다. 그리고 교사가 거부할 때마다 다음의 4가지 대사를 차례대로 하게 했다.

- 계속 진행해주십시오.
- 실험을 위해서는 계속 진행해야만 합니다.
- 계속 진행해주셔야만 합니다.
- 당신에게는 이것 외의 다른 선택지가 없습니다.

실험 전 전문가들은 450볼트의 전기충격을 가하는 피험자가 극소수[0.1%]에 불과할 거라고 예상했다. 실험 참가자들 역시 자신이 인간을 대상으로 450볼트까지 전압을 올릴 것이라고 생각하지 않았다. 그러나 실험결과 실험을 중도에 포기한 교사 역의 참가자는 소수에 불과했고, 65%에 이르는 사람들이 최고 전압인 450볼트의 충격을 가했다.

피험자[교사 역]들은 전쟁 같은 극단적인 상황도 아니고, 명령을 내리는 자로부터 큰 불이익을 받을 것도 아니며, 중도에 실험실에서 뛰쳐나가도 됨에도 불구하고 실험을 계속하라는 권위자[감독관]의 말에 복종한 것이다.

Size Up 지식 확장

복종실험은 나치에 의해 수행된 유대인 학살의 과정에서 '어떻게 평범한 독일 국민들까지 참가할 수 있었는지'에 대한 원인을 규명하기 위해 기획되었다. 이후 실험결과는 유대인 학살이나 전시 중 민간인 학살과 같은 극단적인 상황을 설명하기 위해 주로 인용되고 있다.

이에 관해 밀그램은 인간이 권위체계에 편입되는 순간 '대리자적 상태Agentic State'에 빠진다고 설명했다. 대리자적 상태에 빠지는 순간 스스로를 자율적인 주체가 아니라 단순한 도구로 규정한다는 것이다. 이는 본인은 권위자의 의지를 실현하는 도구에 불과하기 때문에 결과에 대한 책임을 지지 않는다는 착각을 느끼게 하고, 이러한 심리상태가 잔인한 명령에 복종하게 만들었다는 것이었다.

그러나 이 실험은 실제 권위에 대한 복종상태가 전쟁과 같은 극단적인 상황 속에서 발생했다는 점을 간과했다는 비판을 받았다. 또한 실험 후 피실험자들이 정신적 충격을 얻을 수 있음에도 사전에 고지하지 않았다는 점 때문에 사회적·윤리적으로 큰 비난을 받았다.

─ 실전 응용 Delivery ─

박근혜정권의 문화체육관광부 블랙리스트 사건을 주도·관여한 고위 공무원들이 윗선에 지시를 따랐을 뿐이라고 무죄를 주장하고 있다. 이들의 주장을 스탠리 밀그램의 복종실험을 근거로 비판하시오.

아방가르드
Avant-garde

전통 · 제재 대신 새로운 것을 찾자는 초현실주의 예술운동

• • •

#전위예술 #미래지향 #초현실주의 #다다이즘

 3분 개요

전통예술에 대한 반항 또는 대립을 위해 일어난, 20세기 초의 혁신적이고 반항적인 예술정신과 그 작품행위를 지칭하는 말이다. 1910년대 후반에 나타난 이탈리아의 미래파, 러시아의 구성주의, 다다이즘과 초현실주의 등을 지칭해서 쓰였다. 우리말로는 '전위-'로 번역된다.

현대 예술에서는 가장 급진적인 예술정신을 보이는 작가와 작품을 가리키는 용어로 쓰이기도 한다. 전위미술, 전위음악, 전위재즈 등으로 다양하게 사용된다.

본래 아방가르드는 전위부대 또는 첨병을 뜻하는 군사용어다. 프랑스대혁명 이후 빅토르 위고에 의해 정치나 사회혁명의 급진파, 또는 그런 사상을 가리키는 말로 쓰이다가 제1차 세계대전 후 예술용어로서 대중에게까지 널리 알려지게 되었다.

과거의 정형성에 대결하여 그때까지의 예술개념을 일변시킬 수 있는 혁명적인 예술경향 또는 그 운동을 뜻하기에 이르렀다. 아방가르드를 전위예술로 번역하는 이유다.

제1차 세계대전 종전 후, 자본주의의 모순이 폭발한 것을 계기로 사회문제를 해결하기 위한 수많은 정치사상이 등장해 대중의 마음을 거칠게 사로잡았다. 아방가르드 역시 이런 시대적 상황에서 기존의 것을 반대하면서 출현했다.

아방가르드의 시작은 20세기 초 러시아 화가 바실리 칸딘스키 Wassily Kandinsky, 1866~1944로 거슬러 올라간다. 칸딘스키는 자신의 책 《예술에 있어서의 정신적인 것에 대하여1912》에서 예술 저변의 광범위한 대중과 정점의 고독한 예술가가 삼각형을 이루고, 이 삼각형은 눈에 보이지는 않으나 앞뒤·위아래로 조금씩 움직이고 있으며, 예술에서 발생한 예감은 '내일은 지식인, 그 다음에는 대중'의 취미로 자리하게 될 것이라고 했다. 전위미술의 선구적인 정의를 내린 것이다. 이어서 제1차 세계대전 중 아방가르드의 한 범주로서 등장한 다다이즘은 여러 의미에서 '예술의 한계를 타파하고 단순한 물체도 행동도 하나의 관념으로 일관할 때 예술작품이 된다'고 주장했다.

아방가르드는 전통과 보수성을 특징으로 하는 과거 예술을 시대착오성으로, 상업화·자본화된 예술을 천민자본주의로, 새로운 시대에 맞는 예술을 추구한 모더니즘 예술을 폐쇄성과 기성세력화로 비판했다.

보다 구체적으로 아방가르드의 성격을 설명하면 다음과 같다.

- 아방가르드는 개척정신과 선구자적인 자세를 지향한다.
- 아방가르드는 공격적 성향을 지니고 자신을 펼쳐 나간다.
- 아방가르드는 전통을 단절시킬 뿐만 아니라 어떤 것과도 타협을 거부한다.
- 아방가르드는 허무주의를 바탕으로 미래지향성을 갖는다.

요약하면, 아방가르드는 사상 및 이데올로기의 혼란과 갈등이 가득했던 19세기 말과 20세기 초의 인습과 전통으로부터 벗어나고자 하는 예술가와 대중의 욕구가 예술과 만나면서 나타난 일련의 반항아집단이다. 그래서 산업혁명이 가져온 기계적이고 비인간적인 과거의 인습 및 전통과 단절하고, 새로우면서도 진정한 예술을 찾기 위해 고뇌하고 몸부림치며 자유와 해방의 유토피아를 건설하고자 했다.

오늘날에는 기성예술에의 반항이나 혁명정신 그 자체가 대중사회의 다양한 풍속 안에 존재하기는 하지만 특정 유파나 운동에 휩쓸리지 않고 첨단적이고 색다른 것을 추구하는 경향의 총칭으로 사용되고 있다.

 지식 확장

아방가르드는 특정한 예술사조나 전통을 가리키지는 않는다. 오히려 하나 이상의 여러 예술현상을 총체적으로 일컫는다. 다다이즘, 초현실주의, 미래파, 표현주의는 아방가르드 중에서도 가장 두드러지게 드러난 예술운동으로 손꼽힐 뿐이다.

또한 아방가르드는 단지 문화적 현상만을 지칭하는 용어가 아니다. 아방가르드는 사회적이면서도 심리적인 특성까지도 포함하는 주요한 사상의 흐름이었기 때문이다. 아방가르드 운동에 참여했던 많은 작가들이 정치활동에 직접적으로 관여한 것이 그 증거라 할 수 있다.

문제는 새로운 것도 시간이 지나면 새롭지 않은 것이 된다는 것이다. 여기에 아방가르드의 딜레마가 있다. 일상화로 인해 늘 보는 것이 되어 '새롭다'는 느낌을 받지 못하게 되면 더 이상 아방가르드가 아니다. 또한 과거의 예술이 오늘날에 반드시 제거해야 하는 대상도 아니다. 물론 제거될 수 없는 필수요소도 아니다. 현재 자체가 과거와 영향을 주고받기 때문이다.

세계화 · 정보화가 이뤄진 오늘날에는 전위예술이 등장할 가능성이 더욱 높아졌다. 과거 예술의 기준이 '얼마나 사실적인가' 하는 것이었던 반면 오늘날 예술에는 '다양한 것을 시도한다'는 원칙만이 있기 때문이다.

하지만 동시에 전위예술은 위협을 받고 있다. 무엇이든 상업화되는 경제구조에서는 잘 팔리는, 즉 돈이 되는 예술만 소비될 것이고, 그로 인해 돈이 되는 예술만 공급될 것이기 때문이다. 게다가 유행의 속도가 이전과 달리 엄청나게 빠르며 그 주기도 짧다. 정보의 홍수와 빠른 생활패턴 속에서 사람들이 식상함을 느끼게 되는 시간도 짧아졌다. 소재나 주제, 기법에 있어 한계가 없다는 아방가르드의 특징이 현대 자본주의 사회의 경제로 인해 위기에 봉착한 것이다. 그러나 이에 대해 예술가들은 인간의 상상력에 한계가 없는 만큼 아방가르드적 예술의 한계는 없다고 주장한다.

실전 응용 Delivery

아방가르드 예술작품의 가치를 설명하고, 아방가르드와 미니멀 · 하이테크를 포괄적으로 설명할 수 있는 공통적인 이미지를 근거를 들어 설명하시오.

피그말리온효과
Pygmalion Effect

기대나 관심으로 인해 능률이 오르거나 결과가 좋아지는 현상

●　●　●

#로버트로젠탈 #오비디우스 #스티그마효과 #로젠탈효과

 3분 개요

타인이 기대하면 그 기대에 부응하기 위해 노력함으로써 좋은 결과를 낳게 되는 현상이다. 교육심리학에서는 교사의 관심이 학생에게 긍정적인 영향을 미친다는 의미로 사용한다. 그리스 신화의 조각가 피그말리온Pygmalion의 이름에서 유래한 것으로 자신이 만든 조각상을 사랑한 조각가 피그말리온의 정성에 감복한 여신이 조각을 진짜 여인으로 만들어줬다는 이야기에서 비롯되었다.

　하버드대학교 사회심리학과 교수 로버트 로젠탈Robert Rosenthal, 1933~.이 초등학생을 대상으로 한 실험에서 교사가 학생에게 거는 기대가 실제로 학생의 성적 향상에 효과를 미친다는 것을 입증했다고 해서 로젠탈효과Rosenthal Effect라고도 한다.

고대그리스 키프로스에 살던 조각가 피그말리온은 지독한 여성혐오자였다. 오래전 키프로스의 여인들이 섬에 온 나그네들을 죽여 제단에 바치는 등 몹쓸 짓을 한 탓에 여신에게 저주를 받아 뭇 사내들에게 몸을 파는 매춘을 하면서 살고 있었는데, 이 때문에 피그말리온은 여성이 근본적으로 천박하다고 생각했다. 그래서 현실의 여인들은 외면한 채 자신이 가장 이상적으로 생각하는 여인상을 상아로 만들기 시작했다.

혼신의 힘을 다한 조각상은 완벽했다. 그리고 오랜 시간 동안 정성을 다하면서 피그말리온은 자신도 모르게 조각상에 빠져들었다. 급기야 때때로 살아 있는 여인인 듯 말을 걸기도 하고, 여인들이 좋아할 만한 선물을 가져다주기도 했다. 그러다 보니 피그말리온에게 조각상은 살아 있는 여인 이상의 존재가 되어버렸다.

이에 그는 키프로스섬을 관장하던 여신 아프로디테에게 제물을 바치며 정성스럽게 기도했고, 그 정성으로 아프로디테를 감동시켰다. 마침내 아프로디테는 피그말리온이 바라는 대로 조각상을 진짜 여인으로 변화시켜 주었다.

예술가의 열정과 사랑에 신이 감동하여 혼이 없는 사물에 혼을 불어넣어줬다는 기적의 이야기로 《변신이야기》을 쓴 오비디우스 AD.1세기경가 말하는 피그말리온의 전설이다. 이 이야기를 교육심리학에 접목한 것이 바로 피그말리온효과다.

▲ 번 존스의 〈피그말리온〉 연작 4(1878)

로젠탈은 1968년 샌프란시스코의 한 초등학교에서 전교생을 대상으로 지능검사를 한 후 실제 점수와는 상관없이 무작위로 뽑은 학생들의 명단을 해당 학교의 교사들에게 알려주면서 "지적능력이나 학업성취의 향상 가능성이 높다고 객관적으로 판명된 학생들"이라는 거짓정보를 함께 흘렸다.

몇 개월 후에 다시 같은 학교 학생들의 지능검사를 실시해보니 명단에 속했던 학생들의 평균점수가 다른 학생들보다 높았을 뿐만 아니라 예전에 비해 성적이 큰 폭으로 향상된 것이 발견되었다. 이에 교사들은 "지적발달과 학업성적이 향상되리라는 기대를 가지고 정성껏 돌보고 칭찬한 결과"라고 답했다. 사실 여부와 상관없이 교사가 학생에게 거는 기대가 실제로 학생의 성적향상에 효과를 미친다는 것을 입증한 것이다.

로젠탈은 누군가에 대한 타인의 믿음, 기대, 긍정적 예측이 대상에게 그대로 실현되는 경향을 피그말리온효과라고 명명했다. 어떻게 행동하리라는 주위의 예언이나 기대가 행위자에게 어떤 영향을 주어 그렇게 행동하도록 만든다는 것이다. 미국의 사회학자인 로버트 머튼Robert K. Merton, 1910~2003은 한 발 더 나아가 '잘못된 예언, 즉 타인의 기대와 예측이 어떤 행동을 유발시켜서 결국 그 예언이 현실화된다'는 것으로 의미를 확장시켰고, 그런 의미에서 '자기충족적 예언'이라고 정의했다.

피그말리온효과와 정반대의 개념은 스티그마효과Stigma Effect다. 한 번 부정적인 낙인이 찍히면 실제로 나쁜 행동이나 부정적 인식이 더욱 강화되는 현상이다. 스티그마는 우리말로 '낙인'이다. 처음 범죄를 저지른 사람이 범죄자라는 낙인으로 인해 사회적 기회를 박탈당하면 다시금 자신을 범죄자라고 인식하면서 또 다른 범죄를 저지르게 될 가능성이 커지는 현상을 말한다. 스티그마효과는 피그말리온효과와 달리 사회의 다양한 부정적 편견과 선입견에 의한 피해를 설명하는 데 사용한다.

한편 피그말리온효과에는 중요한 전제조건이 있다. 믿음에 대한 기다림이 그것이다. 변화는 자로 잰 듯 정확하게 한 번에 한 걸음 씩의 진전을 보이는 것이 아니기 때문이다. 믿음을 가지고 기다리면서 지속적인 칭찬을 하고 있으면 일순간에 그 칭찬에 대한 효과가 나타날 수 있다.

실전 응용 Delivery

자성예언(Self-fulfilling Prophecy)과 피그말리온효과(Pygmalion Effect)가 교육에 공통적으로 시사하는 바를 제시하시오.

사회보장
Social Security

사회적 위험을 예방 · 구제하기 위한 입법과 행정

• • •

#구빈사업 #공적부조 #베버리지보고서 #사회보험

Instant 3분 개요

모든 국민이 인간다운 생활을 영위할 수 있도록 최저생활을 보장하고 개인의 생활수준을 향상시키기 위한 국가정책의 통칭이다. 구체적으로는 부득이한, 또는 뜻밖의 상황에 처해 수입이 중단되는 경제 · 사회적 위기에 최소한의 생활수준을 유지할 수 있도록 국민적 연대책임하에서 국가 및 사회가 보장해주는 일련의 보호조치를 말한다. 소득보장, 의료제공, 아동수당 등이 여기에 해당한다. 역사적으로는 빈곤과 재해를 구제하기 위한 구빈사업救貧事業이 오늘날의 사회보장, 특히 공적부조의 원초적 형태였다.

과거 전통사회는 대중의 빈곤을 사회문제로 인식하지 않았다. 오히려 중상주의자들은 빈곤을 근면의 수단이라며 긍정적으로 인식하기도 했다. 이런 인식은 초기 자본주의 사회에서도 크게 달라지지 않았다. 빈곤이나 질병은 여전히 개인의 문제이므로 민간에 귀속했으며, 빈곤대상자를 사회적으로 낙오된 자로 대우했다.

그러나 농촌 중심의 중세 봉건사회가 무너지고 산업혁명으로 도시가 성장하자 농촌의 노동인구가 도시로 유입되기 시작했다. 이제 농촌가정의 소득에 공백이 생겼고, 도시는 도시대로 노동인구가 과잉되어 값싼 임금과 대량실업에 의한 빈곤상태가 악화되었다. 그 결과 전통적 가족 중심의 생활공동체가 빈곤에 의해 붕괴되기에 이르렀다. 개인과 가정과 공동체가 빈곤에 허덕이게 된 것이다.

반면 산업혁명으로 인한 도시노동자의 양산은 새로운 계급인 노동자계급을 탄생시켰다. 이들은 조직된 힘으로 자본주의적 생산방식에 대한 개선을 요구하며 사회 집권층인 보수주의자들에게 압박을 가했다. 이에 보수주의자들은 동자들의 혁명, 봉기를 사전에 차단하기 위해 구빈정책과 복지정책을 시행했다. 이것이 근대적 사회복지의 첫 출발이었다.

그러나 산업화의 놀라운 진척속도로 기존의 구빈행정체계가 대량실업을 해결하는 데 한계가 드러나고 노동자계층의 저항으로 빈곤이 더 이상 부도덕이나 나태에 의한 결과가 아니라는 인식이 확산됨에 따라 국가의 사회적 책임이 강조되기 시작했다.

이에 1909년 영국의 소수파들이 기존 구빈법의 전면적 폐지와 함께 보건 · 교육 · 주택 · 사회보험 등의 예방적 대책을 주장했다. 현대 사회보장제도의 토대를 마련한 것이다. 이를 기반으로 1911년에 세계 최초로 실업보험이라는 의미를 지닌 포괄적인 국민보험법이 제정되었다.

국민보험법의 제정은 국민의 생활수준에 대한 국민 · 정부의 쌍방 책임관계의 확립을 의미한다. 제2차 세계대전 종전 무렵에는 〈베버리지보고서1942〉를 근거로 제반 사회보험법이 구비되었고, 1948년에는 비로소 '복지권'을 인정하는 국민부조법이 제정되었다. 이로써 통합적 · 포괄적으로 체계를 갖춘 사회보장제도를 확립하고 복지국가로 나아가게 되었다.

사회보장제도를 발달시킨 인물은 영국의 경제학자 윌리엄 헨리 베버리지William Henry Beveridge, 1879~1963다. 1941년 6월에 창설된 '사회보험 및 관련 사업에 관한 각 부처의 연락위원회' 위원장이었던 베버리지는 1942년에 사회보장에 관한 문제를 조사 · 연구하여 영국 정부에 보고서를 제출했다. 〈베버리지보고서〉다.

보고서는 현대사회에서 진보를 가로막고 있는 실업 · 질병 · 노령 · 사망 등의 원인을 빈곤 · 질병 · 무지 · 불결 · 나태의 5대 사회문제로 지정하고, 이를 해소하는 것이 사회보장의 궁극적인 목표라고 밝혔다.

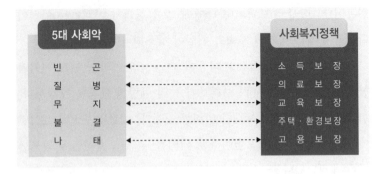

5대 사회악		사회복지정책
빈 곤	◄----------►	소 득 보 장
질 병	◄----------►	의 료 보 장
무 지	◄----------►	교 육 보 장
불 결	◄----------►	주택·환경보장
나 태	◄----------►	고 용 보 장

베버리지는 사회보장의 주된 실천방법을 사회보험의 운용에 두고, 다음과 같은 여섯 가지 원칙을 제시했다.

• 균일한 생계급여 : 소득수준에 따른 차이를 두지 않고 소득이 상실된 경우 최저선으로의 동일한 보험급여를 지급한다.
• 균일한 기여금 : 고소득층의 경우 납세자로서 더 많은 세금을 납부하고, 국가 역시 사회보험기금의 일부를 담당한다.
• 행정책임 단일화 : 사회보장성과 단일한 행정국을 설치하여 사회보험 기금을 적립하고 운용한다.
• 급여 적절성 : 급여수준은 최저생계를 보장하기에 충분해야 하며, 급여지급은 지급사유가 지속되는 한 무기한으로 지급되어야 한다.
• 전 국민 포괄 : 사회보험은 모든 사회적 위험과 전 국민을 포괄해 제외되는 계층이 없도록 확대한다.

• 다양한 삶의 양식을 고려한 분류 : 모든 국민을 포괄하되 피고용인 · 고용주 · 독립노동자 · 가정주부 · 비취업자 · 취업연령[15세] 미달자 · 퇴직자 등 여섯 가지의 범주로 나누어 분류하고, 취업연령 미달자에게는 아동수당, 퇴직자에게는 퇴직연금을 지급하고 나머지 범주에게는 각각 최저생활을 보장한다.

　오늘날의 사회복지는 베버리지 시대의 소득보장 이외에도 의료보장을 포함시키고 있다. 또한 국제노동기구[ILO]에서는 사회보장의 내용을 사회보험과 공적부조의 두 가지로 나누고 있고, 우리나라는 사회보험 · 공적부조 · 사회복지 서비스로 나누고 있다.

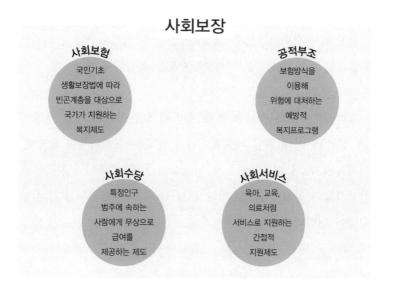

사회보장

사회보험
국민기초 생활보장법에 따라 빈곤계층을 대상으로 국가가 지원하는 복지제도

공적부조
보험방식을 이용해 위험에 대처하는 예방적 복지프로그램

사회수당
특정인구 범주에 속하는 사람에게 무상으로 급여를 제공하는 제도

사회서비스
육아, 교육, 의료처럼 서비스로 지원하는 간접적 지원제도

베버리지의 보고서 이후 영국의 복지수준은 전반적으로 크게 향상했다. 그러나 생존수준에 따른 급여의 규모를 정확하게 계산하지 못했고, 이후 정부재정에 부담으로 취급되면서 사회보장만으로 복지국가를 이룬다는 이상에서 탈피하여 다양한 사회적 서비스로 사회보장의 한계를 보완하는 한편 공적부조로 최후의 안전망을 재편하는 방식으로 전개해나가게 되었다.

또한 사회보장은 인플레이션, 불황, 빈곤개념의 변화, 이데올로기 논쟁 등으로 변화를 거듭했다. 미국도 초기에는 단지 기아를 면하게 하는 정도의 소극적인 차원이었다. 그러다 1929년 경제공황 이후 실업과 사회적 불안을 경험한 후에 1935년 뉴딜정책의 일환으로서 사회보장법을 제정하고, 각종 사회보험과 공적부조 프로그램을 도입하는 등 사회보장제도를 확립했다.

그럼에도 사회보장에 따라올 수밖에 없는 복지재정의 팽창은 '큰 정부'와 이에 따른 비효율이라는 새로운 도전과제를 낳았다. 여기에 1973년 이후부터는 사회보장의 높은 비용이 부분적으로 산업사회의 경제성장률을 저하시킨다는 주장이 제기되었다. 실업수당이 취업의 동기를 위축시키고, 세금과 사회보장 분담금 납부에 대한 저항은 임금인상과 인플레이션·재정적자 등을 야기하며, 사회보장에 대한 의존은 국민들의 저축률을 떨어뜨린다는 것이다.

물론 이런 주장의 논리적 근거는 희박하다. 대부분의 사람들은 실업상태보다는 취업상태를 원하기 때문이고, 연금을 개인이 운영하더라도 임금인상과 인플레이션은 일어날 수 있기 때문이며, 사회보장제도의 영향으로 저축률이 저하되었다는 명백한 증거는 없기 때문이다. 또한 경제성장률이 상대적으로 높은 벨기에, 덴마크, 네덜란드 등에서 사회보장지출이 더 높기 때문이다. 그럼에도 1980년대 이른바 '신자유주의'가 부상하면서 복지의 분야에서 국가의 역할 중 일부를 민간이 해야 한다는 주장에 힘이 실리기 시작했다.

21세기의 사회보장제도는 빈곤의 척결이 아니라 소득의 재분배를 목적으로 한다. 사회의 소득구조에 초점을 두는 것이다. 그럼에도 개발도상국이나 정치적 대결이 첨예한 국가에서는 정치적 아젠다로 삼아 국가의 적극적 세금투입을 저지하곤 한다. 사회보장이 일반적으로 도시 · 농촌, 취업자 · 실업자 간의 격차를 심화시키고 국가의 재정을 파탄낸다는 게 이들 반대 측의 주장이다. 그럼에도 불구하고 선거를 앞두면 정치적 이념과 상관 없이 후보자들은 새로운 사회보장안을 공약을 내세우곤 한다.

실전 응용 Delivery

베버리지가 정의한 사회보장제도와 사회보험의 기본원칙에 대하여 기술하고, 현대 사회보장제도와의 차이점을 논하시오.

베르테르효과

Werther Effect

유명인의 자살 후 유사한 방식으로 잇따라 자살이 일어나는 현상

• • •

#괴테 #자살보도권고기준 #파파게노효과 #모방자살

 3분 개요

독일의 작가이자 철학자인 요한 볼프강 폰 괴테[Johann Wolfgang von Goethe, 1749~1832]의 소설 〈젊은 베르테르의 슬픔[1774]〉에 나타난, 주인 공 베르테르의 비극적 자살 서사가 유럽 곳곳 영향을 미쳐 베르테르를 모방한 자살이 유행처럼 번진 현상에서 유래했다. 베르테르의 자살을 모방하여 자살한 사람은 지금까지 전 세계에 2,000여 명 정도로 추산된다. 이를 문화현상으로 정립한 이는 미국 캘리포니아대학교 사회학과 교수 데이비드 필립스[David P. Phillips]다.

1974년 데이비드 필립스는 1947~1968년 동안 미국에서 발생한 자살을 분석하여 자살사건이 신문의 기사로 다루어진 후 2개월 이내에 평균 58건의 자살사건이 상대적으로 증가하는 것을 발견했다. 특히 미디어에 대대적으로 보도되는 경우, 자살한 사람이 유명인일 경우 그런 현상은 더욱 두드러졌다. 이에 필립스는 이러한 모방자살현상을 '베르테르효과'라고 이름 붙였다.

실연을 당한 젊은 청년 베르테르가 아픔을 이기지 못하고 권총 자살을 한다는 내용의 〈젊은 베르테르의 슬픔〉이 큰 성공을 거둔 뒤 유럽에서는 자살이 유행처럼 번져갔다. 게다가 자살 한 사람들은 소설 속 베르테르처럼 정장에 부츠, 파란 코트, 노란 조끼를 착용하고 권총으로 생을 마감하는 등 소설 속 베르테르의 모든 걸 흉내냈다.

괴테가 베르테르를 모방하지 말라고 직접 호소했지만 별 효과가 없었고, 〈젊은 베르테르의 슬픔〉은 한동안 이탈리아, 독일, 덴마크 등에서 금서로 지정되었다.

18세기 유럽의 모방자살은 현대에 와서는 유명 연예인의 자살사건이 미디어를

▲ 〈젊은 베르테르의 슬픔〉 초판 표지(1774)

통해 보도되었을 때 비슷한 유형의 자살사건이 일시적으로 증가하는 현상으로 나타나고 있다.

그런데 베르테르효과는 주인공의 특성을 닮은 사람들에게서 주로 나타나는 특징이 있다. 최초 자살한 사람이 젊은이인 경우 젊은이들의 자살사망률이 높아지고, 노인이면 노인의 자살사망률이 높아지는 식이다. 똑같이 고민을 하는 경우, 비슷한 처지에 있는 경우 최초에 자살한 사람과 자신을 동일시하게 되면서 동일한 행동을 하게 된다는 것이다. 심지어 자살로 보이고 싶지 않다는 욕구로 인해 일부러 사고를 일으키는 경우도 있다.

요약하자면, 유명인을 선망하던 사람들이 자신을 그와 동일시함과 동시에 대중매체를 통한 언론의 자극적이고 반복적인 보도의 영향을 받아 자살을 모방한다는 것이다. 그리고 이러한 현상은 자신과 같거나 비슷한 어려움에 부닥친 경우, 특히 우울증 증세를 가진 이의 경우에 발생할 확률이 높다는 것이며, 혹여 우울증을 앓지 않았더라도 언론의 반복적인 보도로 인해 자극을 받을 수 있다는 것이다.

 지식 확장

18세기 베르테르의 죽음을 모방한 자살이 확산된 계기는 유럽 각국의 언어로 번역되어 출간된 〈젊은 베르테르의 슬픔〉이 선풍적으로 인기를 끌었기 때문이었다.

오늘날에는 이러한 출판의 역할을 매스미디어가 하고 있다. 2014년 서울아산병원 융합의학과 김남국 교수팀은 1990년부터 2010년 사이의 유명인 자살에 대한 언론의 기사 수와 모방자살 증가 추이를 조사했다. 결론은 유명인 자살에 대한 언론보도와 모방자살의 상관관계가 통계적으로 유의미하다는 것이었다. 언론, 미디어의 보도량이 많을수록 모방자살이 증가한 것이다.

이런 연구결과들은 세계보건기구와 국제자살방지협회가 2001년 '자살보도에 관한 미디어지침'을 마련하는 데 영향을 주었다. 우리나라도 한국기자협회와 한국자살예방협회가 공동으로 2004년 '자살보도권고기준'을 제정했고, 2013년에는 보건복지부가 '자살보도권고기준 2.0'을 발표했다.

'자살보도권고기준 2.0'의 주요내용은 다음과 같다.

- 자살보도의 최소화
- 자살이라는 단어의 사용 자제 및 선정적 표현 배제
- 자살 관련 상세내용 최소화
- 유가족 등 주변사람 배려
- 자살에 대한 미화나 합리화 배제
- 사회적 문제를 제기하기 위한 수단으로 자살보도 이용 배제
- 자살로 인한 부정적 결과 보도
- 자살예방에 관한 다양하고 정확한 정보의 제공

파파게노
Papageno

모차르트의 오페라 〈마술 피리〉에서 웃음과 희망을 상징하는 인물이다. 연인과의 이루지 못한 사랑을 비관할 때 세 명의 요정에게 도움을 얻어 자살의 유혹을 떨쳐내고 사랑까지 얻게 된다.

이에 의해 현재는 자살방법을 직접적으로 표현할 수 없고, 단순히 사망, 혹은 '목숨을 끊었다'는 식으로 순화하여 보도하고 있다.

이러한 보도지침은 자살에 대한 언론보도를 자제하면 모방자살을 예방할 수 있다는 파파게노＊효과Papageno Effect를 적용한 사례다. 1970년에 지하철에서의 자살이 급증했던 오스트리아는 그 원인을 자살방법에 대해 자세히 보도한 언론 때문이라는 전문가의 의견을 받아들여 자살보도를 금지시켰고, 실제로 지하철에서의 자살이 급감하는 효과를 거뒀다.

실전 응용 Delivery

베르테르효과에 의한 모방자살의 증가에는 언론도 책임이 있다. "모방에 의한 자살을 방지하기 위해서는 언론의 보도가 개선되어야 한다"라는 주제문으로 자신의 의견을 포함하여 기술하시오.

고슴도치의 딜레마
Hedgehog's Dilemma

가까이도, 멀리도 할 수 없는 인간관계의 이중성

● ● ●

#쇼펜하우어 #프로이트 #부록과추가 #자기방어

 3분 개요

독일 철학자 쇼펜하우어의 마지막 저작인 《부록과 추가Parerga und Paralipomena, 1815》에 실려 있는 우화에서 비롯되었다. 고슴도치가 추위를 견디기 위해 몸을 기대면 등에 난 바늘로 인해 서로에게 상처를 입히고, 떨어지면 추위에 시달리는 딜레마에 빠지게 된다는 의미를 지닌다.

애초에는 철학적 용어로 출발했으나 심리학자 프로이트에 의해 심리학의 영역으로 인정되었다. 자립과 상대와의 일체감이라는 두 가지 욕망이 대립하는 상황을 설명할 때 사용된다.

실존주의 철학자 아르투르 쇼펜하우어^{Arthur} Schopenhauer, 1788~1860의 《부록과 추가》 실린 내용은 다음과 같다.

▲ 아르투르 쇼펜하우어

추운 겨울 어느 날, 서로의 온기를 위해 몇 마리의 고슴도치가 모여 있었다. 그러나 고슴도치들이 모일수록 그들의 바늘이 서로를 찌르기 시작하자 결국 그들은 거리를 두고 떨어져야만 했다. 하지만 추위로 고슴도치들을 다시 모였다. 그리고 모이고 헤어지는 과정을 반복한 고슴도치들은 서로 간 간격을 두는 것이 최고의 수단이라는 것을 발견했다.

이와 같이 인간사회의 필요에 인하여 인간이라는 고슴도치들이 모이게 되었지만, 그들은 인간의 가시투성이의 본성으로 서로를 상처 입힐 뿐이었다. 그리하여 인간들은 서로 거리를 유지하기 위해 예의를 발견했으며, 이를 지키지 않으면 서로의 거리를 지키기 위해 거칠게 말하곤 했다. 이 방법을 통해 서로의 온기는 적당히 만족되었으며, 또한 인간들은 찔릴 일도 없게 되었다. 하지만 남을 찌를 수도, 자신을 찌를 수도 없었던 사람은 자신만의 온기로 추운 겨울을 보내게 되었다.

일반적으로 쇼펜하우어의 고슴도치 우화는 사람 사이의 '적절한 관계'를 설명하는 데 사용한다. 그러나 애초에 쇼펜하우어의 해석은 이와는 조금 다르다. 그는 사람과의 거리가 멀면 외로움을 느끼고 가까우면 성가심·부담을 느끼므로 적당한 거리를 유지하려는 인간의 태도는 매너의 문제가 아니라 자기방어라고 했다.

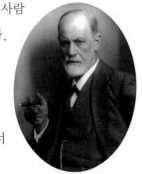
▲ 지그문트 프로이트

혼자일 때 외롭게 되라도 관계 속에서 상처를 받지 않기 위해 차라리 거리를 선택한다는 것이다. 적절한 거리를 유지함으로써 예의를 갖춘 인간이 되었지만, 그 대가로서 근원적인 외로움을 갖게 되었다는 의미로도 해석된다. 이러한 쇼펜하우어의 생각은 심리학자 지그문트 프로이트Sigmund Freud, 1865~1939에 와서 사회에서 각각의 인간이 서로에게 어떤 느낌을 갖는지를 설명하는 데 사용되었다.

프로이트 이후 고슴도치의 딜레마는 심리학 영역에서 성격·발달·관계의 세 측면에서 인용·연구되고 있다.

- 성격 측면 : 비관적이거나 불안한 내면을 갖고 있는 사람은 갈등을 회피하려는 경향을 보여 타인과의 교류 및 친밀한 관계를 꺼리는 반사회적인 성향을 보인다.
- 발달 측면애착이론 : 인간은 자신을 돌봐주는 사람이 자신의 요구에 지지와 보호를 제공하면 자신에 대한 긍정적 표상을 형성하

지만, 그 반대의 경우에는 부정적 표상이 형성되어 고슴도치의 딜레마와 같은 갈등상황에서 부정적인 태도를 보인다.

- 관계 측면 : 집단으로부터 거절이나 비난을 받아 부정적 정서가 형성되면 높은 공격성이나 외부에 대해 정서적으로 무감각해진다.

가정의 붕괴, 사회적 고립의 확산, 디지털 문화의 보편화로 개인 간의 비대면 접촉이 높아진 오늘날에는 고슴도치의 딜레마가 인간관계의 다양한 양상을 설명하는 사례로 인용되고 있다.

 지식 확장

고슴도치의 딜레마는 서로가 서로의 이기심을 견제하기 위해 서로에게 절도를 지키라는 것으로 받아들여지고 있다. 인간관계에 있어 적당한 거리가 필요하다는 의미이기도 하고, 인간관계에서 애착이 형성하는 게 어렵다는 의미이기도 한다. 한편으로는 타인에게 다가가는 것에 대한 두려움을 합리화시켜 주는 일종의 핑계이기도 하다.

전통적 가족의 형태가 붕괴되고, 우리보다는 '나'가 중요시된 데다가 디지털의 발달로 현대의 인간은 상황에 의해서만이 아니라 스스로의 선택에 의해 고립상태에 놓여졌다. 고립의 선택에는 상처를 받지 않겠다는 자기방어의 심리가 숨어 있다. 자기방어는 상처를 주지 않겠다는 의미보다는 상처를 받지 않겠다는 의미가 크다. 이는 이기심의 또 다른 얼굴이다. 고슴도치의 딜레마의 근본적 원인은 바로 인간의 이기심인 것이다.

이런 사회적 분위기에서 인간은 여러 선택지 중 하나를 선택하게 된다. 하나는 첨예한 자기방어와 대응태세를 갖추고 타인과의 관계를 거부한 채 나만의 세계로 숨어드는 것이고, 다른 하나는 관계를 맺되 상처받지 않기 위해 피상적 · 단발적 · 쾌락적 관계만을 좇는 것이다. 다른 또 하나는 상처받을 줄 알면서도 내가 먼저 가시를 던지고 다가가는 것이다.

실전 응용 Delivery

쇼펜하우어가 제시하고 프로이트가 재해석한 '고슴도치의 딜레마'를 통해 교육과정에서 협동학습을 통한 조별발표를 하는 것과 개별학습을 통한 개별발표를 하는 것을 비교해보고 각각의 장·단점을 논하시오.

사회전염
Social Contagion

감정 · 태도 · 행동 등이 무비판적으로 급속히 전염되는 현상

• • •

#동조 #구스타프르봉 #가짜뉴스 #군중심리

 3분 개요

'타성에 젖는다'는 말은 사회의 기류과 의미 없이 행해져온 행동 모형에 나도 모르게 동조하고 따라가게 된다는 것이다. 그리고 이에 대한 학술적 용어가 바로 '사회전염'이다. 우리는 나도 모르는 사이 어떤 사람들의 행동에 무의식적으로 동조를 하거나 나의 판단과 의지와는 관계없이 습관적으로 어떤 행동을 하는데, 이와 마찬가지로 어느 집단이든 한곳에서 시작된 무서운 사고가 집단 전체로 마치 바이러스가 전염이 되듯 퍼져버리는 경우를 사회전염이라고 부른다.

사회전염은 프랑스의 사회학자 구스타프 르 봉[Gustave Le Bon, 1841~1931]이 처음으로 이름 붙인 용어다. 의학적으로 세균에 감염되듯이 한 사람의 정서와 사고가 다른 이에게 자연스레 옮겨가는 현상을 말한다.

그런 현상은 집단의 한 점에서 시작된 소용돌이가 집단 전체로 전염되기 때문에 나타난다. 세균과 바이러스가 질병을 옮기는 것처럼 사람들의 정서와 행동이 한 사람에서 다른 사람에게로 옮겨간다는 것이다. 전염의 대상은 도덕심, 가치체계, 사회적 규칙들, 책임감 등 다양한 정서와 규칙들이다.

사회전염의 현상은 일상생활에서도 흔히 나타난다. 한 사람이 하품을 하면 다른 사람도 하품을 한다거나 한 사람이 담배를 피우면 다른 사람도 담배를 꺼내 피는 것이 그런 예다. 처음에는 눈치만 보다가 누군가 시작을 하면 줄지어 행동에 나서는 것도 같은 경우다. 심지어 한 사람의 자살도 최소 6명의 주변인에게 직접적인 영향을 미치고 유명인일 경우에는 언론보도를 통해 수많은 사람들에게 정서적 영향을 끼치는데, 이것 역시 사회전염의 한 현상으로 볼 수 있다.

인간의 정서의 사고가 전염되는 이유는 그것이 부정적인 정서일 경우에는 인간에게 내재되어 있는 공격성과 성적 충동성 때문이다. 이러한 공격성 내지 폭력성과 성적 충동성은 부정적 에너지와

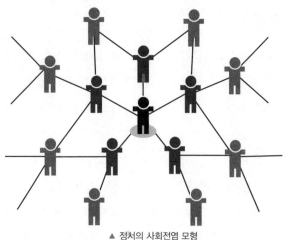

▲ 정서의 사회전염 모형

만나면 도덕심을 무너뜨리고 가치관의 혼란을 야기한다. 그 결과 지금껏 준수해왔던 사회적 규칙을 무시하고 더 나아가 책임감에 기초한 통제기제마저 무력하게 만들어버린다.

용기와 치유, 긍정적인 정서 역시 전염된다. 수해지역에 대한 봉사활동과 성금이 줄을 잇는 것이나 기름으로 오염된 해안을 복구하는 일에 대가 없이 봉사자들이 연이어 참여하는 것이 그 예다.

 지식 확장

사회전염 현상은 소셜네트워크의 발달·확산과 함께 마케팅 분야에서 다양하게 활용되고 있다. 대중미디어를 통한 전통적 마케팅보다 소위 입소문에 의해 소비자들 스스로의 자발적 상호작용이 이루어지도록 하는 전략이 효율적이고 효과적이기 때문이다.

외국활동을 하지 않았어도 세계적인 인기를 끄는 노래가 탄생할 수 있고, 수년 전 발표되었다가 사라진 노래가 입소문을 통해 시간을 거슬러 이른바 역주행을 하는 일들이 빈번해진 것도 이런 이유다.

그러나 사회전염의 현상은 대체로 긍정적인 방향보다는 부정적인 방향으로 확대·재생산되는 경우가 많다. 사람들은 긍정적 정보로 야기되는 기쁨이나 즐거움 같은 감정보다 부정적 정보로 야기되는 슬픔, 분노와 같은 감정에 더 빨리 더 적극적으로 반응하기 때문이다. 이것이 사실보다 이른바 가짜뉴스가 더 빨리 더 광범위하게 확산되는 이유이며, 정적을 공격하기 위한 목적으로 가짜뉴스를 생산하는 이유다.

실전 응용 Delivery

혐오와 증오의 정서가 가짜뉴스와 함께 확산되는 것을 사회전염 현상으로 설명하고, 혐오의 확산에 소셜네트워크(Social Network)가 미치는 영향을 논하시오.

자기결정이론

Self Determination Theory

인간은 자기 자신의 행동과 운명을 자율적으로 선택한다는 이론

● ● ●

#에드워드데시 #외적동기 #관계성 #할인원리

 3분 개요

미국 로체스터대학교 심리학 교수 에드워드 데시Edward L. Deci, 1942~. 와 리처드 라이언Richard M. Ryan, 1953~.이 제시한 이론이다. 인간의 가장 기본적인 욕구는 자율성이며, 따라서 외적 동기보다는 스스로 결정한 자발적 선택이 더 큰 힘을 발휘한다는 심리학 이론이다.

강요나 지시, 보상 같은 외적 요인보다는 스스로 동기가 유발된 사람이 주어진 업무에 더 만족하며, 업무도 잘 수행할 가능성이 높다는 것이다.

20세기까지는 '인간의 행동은 외부적 보상으로 통제된다'는 행동주의이론이 대세였다. 하지만 행동주의이론은 인간의 행동에 대한 환경의 결정력을 지나치게 강조한 탓에 인간의 내적·정신적 특성을 배제했으며, 인간을 지나치게 단순화·기계화했다는 비판을 받았다.

또한 외적 보상으로 인해 오히려 내적 욕구가 줄어드는 부작용과 실질적 성장이나 성취보다는 외적 보상에만 관심을 쏟는 등의 현상은 행동주의이론으로는 설명되지 않았다. 이런 부작용과 한계에 새롭게 등장한 것이 바로 자기결정이론^{자기결정성이론}이다.

1970년대 내재적 동기를 연구하기 시작한 것에서 발전한 자기결정이론은 1980년대 중반 공식적으로 소개되고 건전한 경험이론으로 받아들여졌으며, 2000년대 이후에는 사회심리학 및 교육학의 영역에 적용되어 연구되었다.

자기결정이론은 인간에게는 동기를 뒷받침하는 3가지 요구가 있다고 주장한다. 자율성·유능감·관계성에 대한 요구인데, 이는 선천적으로 타고나는 것이라고 한다.

• 자율성의 요구^{Autonomy Need}
  → 자신의 소망에 따라 독립적으로 행위를 결정하려는 요구

→ 자율성 요구 충족 시 내재적 동기 상승

→ 자율성 요구 충족을 위해서는 학습에 대한 선택권 필요

- 유능감의 요구 Competence Need

→ 환경에서 효과적으로 기능을 발휘하려는 능력에 대한 요구

→ 유능감 지각에 가장 큰 영향을 미치는 요인은 능력 향상과 같은 긍정적인 피드백

- 관계성의 요구 Relatedness Need

→ 다른 사람과 긴밀한 정서적 유대와 애착을 형성하고, 그 결과 사랑과 존중을 받으려는 요구

→ 성적에 관계없이 부모와 교사가 학습자에 대한 관심과 배려를 보일 경우 내재적 동기 상승

이런 요구는 기본적으로 자율적인 것이며, 내재적 동기의 충족 정도에 따라 개인의 행동이 달라진다는 것이 바로 자기결정이론의 핵심이다. 그러나 인간은 사회·조직생활을 하기 때문에 외적 동기에 영향을 받을 수밖에 없다.

자기결정이론은 특히 내재적 동기에도 주목했다. 처벌이나 보상 같은 외재적 동기가 즐거움·재미·목표 등과 같은 내재적 동기 와 서로 상호작용하며 공존한다고 본 것이다. 그러나 행동의 지속 력도 높고, 유의미한 사고를 하게 되며, 성과뿐 아니라 그로 인해 얻게 되는 즐거움이 큰 것은 내재적 동기에 의한 결정, 즉 '자기결 정력'을 자유롭게 발휘할 수 있을 때라고 보았다.

반대로 스스로 결정할 수 없는 상황과 같은 외적 요인에 의한 행동은 사람을 소극적으로 변하게 하고 성과도 작게 만든다고 보았다. 또한 외재적 동기에 의해 나의 행동이 조정된다고 인식되는 순간 자기결정력에 악영향을 받는다고 했다. 개인이 보상이 미끼나 혹은 자유를 제한하는 것이라고 해석하는 순간 외재적 동기는 더 이상 긍정적 영향을 줄 수 없으며 내재적 동기마저 감소시킨다는 것이다.

게다가 인간에게는 행위의 원인을 외부의 탓으로 돌리는 경향이 있다. 이를 심리학 용어로 '할인원리'라고 한다. 원인을 외부로 돌려버린다는 것은 책임회피의 문제인 동시에 내재적 동기나 내적 원인을 축소시키는 것이다.

이러한 경향은 자신의 의지로 시작된 행위일지라도 자신의 행위가 자신이 통제할 수 없는 외부로부터의 큰 힘에 통제되고 있다고 느꼈을 때 더욱 커진다. 자기결정이 어려운 상황일수록 할인원리가 작용하는 것이다.

 지식 확장

오늘날 자기결정이론이 가장 활발하게 적용되고 있는 분야는 스포츠와 교육영역이다. 특히 교육현장에서 학생들의 학업에 대한 동기부여를 하기 위해 시작된 연구는 다양한 관점에서 내재적 동기와 외재적 동기에 집중했다. 그 결과 내재적 동기에 의한 동기부여가 이루어졌을 때 학생들의 학습효과가 높아진다는 방향으로 학자들의 의견이 수렴된 상태다.

때문에 오늘날에는 지시보다는 제공, 획일보다는 자율적 선택, 통제보다는 자율, 주입식 강요보다는 설득과 이해를 교육현장에서 강조하게 되었다.

그 외에도 자기결정이론은 사회·경제 분야에서 사람들의 심리를 파악하기 위한 방법으로 다양하게 적용되고 있다. 그러나 정작 자기결정이론의 선구자인 에드워드 데시는 동기부여를 위한 탁월한 기법 따위는 없다고 단언한다. 동기부여는 기법이 아니라 내면에서 와야 하며, 자신을 책임지고 관리하겠다는 결심에서 부여된다는 것이다. 외부적인 방법으로의 동기부여는 현실적으로 불가능함을 주장하고 있는 것이다. 이는 본인 스스로 해결할 마음을 먹었을 때 그때서야 비로소 변화의 동기가 마련된다는 의미이기도 하다.

실전 응용 Delivery

자기결정이론의 관점에서 독립의지가 낮은 '캥거루족'을 비판하고, 이에 대한 해결방안을 제시하시오.

님비현상

NIMBY ; Not In My Back Yard

기피시설을 인근에 설치 못하게 하는 주민들의 지역이기주의

· · ·

#지역이기주의 #바나나현상 #혐오시설 #핌비

 3분 개요

'님비NIMBY'는 '내 뒷마당에서는 안 된다'는 뜻의 영어 표현 'Not In My Back Yard'의 약어로 지역이기주의를 뜻하는 신조어다. 장애인시설, 쓰레기소각장, 하수처리장, 화장장, 핵폐기물처리장 등의 혐오 공공시설물을 자기 지역에 설치하는 것을 반대하는 지역주민들의 집단이기주의를 설명할 때 사용한다.

극단적일 경우 자신의 지역 인근이 아닌 그 어느 곳에도 기피시설을 짓지 말라는 '바나나BANANA : Build Absolutely Nothing Anywhere Near Anybody현상'이 전개되기도 한다. '바나나'는 '누구도 근처에 어떤 것도 건설되는 것을 원하지 않는다'는 의미다.

1987년 3월 미국 뉴욕 근교 작은 동네인 아이슬립에 쓰레기 처리와 관련해 큰 사건이 있었다. 아이슬립에서 배출된 3,168톤의 쓰레기를 처리할 방법이 없었던 것이다. 이에 지방정부는 바지선에 쓰레기를 싣고 쓰레기를 받아줄 만한 곳을 찾아 노스캐롤라이나, 플로리다. 앨라배마, 미시시피, 루이지애나, 텍사스 등 미국 남부 6개주를 전전했다.

그러나 받아주는 곳이 없었다. 중남미의 멕시코, 벨리즈, 바하마까지 가봤지만 역시 받아주는 곳은 없었다. 아이슬립의 쓰레기가 문제라는 것은 공감했으나 모두 쓰레기를 받아줄 수 없다고 거절했기 때문이었다. 쓰레기는 6개월 동안 6개주 3개국 6,000마일을 방황하다가 아이슬립으로 되돌아오고 말았다.

뉴욕시는 이 사건을 통해 '특정지역에 혐오시설 신설 시 도시 전체 지역 차원에서 부담과 이익을 공평하게 부담해야 한다'라는 내용을 담은 '공평부담기준'이라는 새로운 규칙을 만들었다. 기피시설이 신설되는 곳의 도시민들에게 현금보상의 직접보상이나 세금감면, 일자리제공, 보험가입 등의 간접보상을 한다는 것이다.

그때 생긴 단어가 바로 님비현상이다. 사회적으로 필요한 기피시설이 자기 집 주변에 설치되는 것을 강력히 반대하고, 멀리 떨어진 지역에 설치하려는 주민들의 이기심이 반영된 현상을 말한다. 중앙정부와 지방정부, 또는 지방정부와 지역주민들 간의 갈등으로 다각화되어 심각한 사회적 현상으로 지적되고 있다.

이와는 반대로 지역경제 발전이나 부동산 가격 상승에 공헌할 가능성이 큰 인기시설에 대해 지역 전체가 나서서 해당 시설의 적극적인 유치를 위한 노력을 벌이기도 한다. 이런 현상을 '핌비 PIMBY현상'이라고 한다. 'Please In My Front Yard', '제발 내 앞마당에'라는 의미다.

기피시설은 뒷마당도 안 되지만 인기시설은 제발 내 집 앞마당에 설치해달라고 호소하는 것이다. 우리나라의 경우 2018년 서울 강서지역 가양동 공진초등학교 폐교부지가 장애인 특수학교 신설 부지로 지정되자 주민들이 이것에는 반대하고 국립한방병원 유치 추진을 시도한 것이 그 예다.

 지식 확장

2019년 친환경 수소전기차 확대라는 정부 및 서울시 정책에 맞춰 추진 중이던 수소충전소 건설이 지역주민들의 반발로 제동이 걸렸다. 애초에 강서공영차고지에 수소생산기지를 건설하기로 했지만 주민들이 반발했고, 이에 주들을 설득하는 데 실패한 산업통상자원부가 대상부지 지정취소를 통보한 것이다.

정부나 지방자치단체의 핵심사업이 지역민의 반발로 발목이 잡힌 것은 이번이 처음이 아니다. 그 이유는 대체로 혐오·위험시설에 대한 반감이라고 분석한다. 그러나 우리나라만의 특징이 하나 더 있다.

이른바 기피시설이 들어오면 지역의 이미지와 부동산 가격이 하

락하기 때문에 반대한다는 것이다. 부동산, 특히 아파트가 재산증
식의 가장 큰 수단이 되어 있기 때문이다. 주거 방해 수준의 직·
간접보상으로만은 해결하기 어려운 것이 현실인 것이다.

님비·핌비현상은 국가 균형발전 측면에서 보면 큰 저해요인이
라는 점은 부인할 수 없다. 그러나 지역의 발전 측면에서는 긍정
적 의미로 해석할 수도 있다. 단순히 지역이기주의로 치부할 수
없는 것이 사실이다. 자신의 재산을 보호하기 위해 자기의 목소리
를 내는 것 역시 민주주의를 발전시키는 정치참여의 적극적 한 방
법이기 때문이다.

실전 응용 Delivery

최근 핵폐기물처리시설 후보지로 선정된 지역의 주민들이 반발로 후보지 선정논의
를 원점에서 다시 시작하겠다는 정부의 방침이 발표된 바 있다. 이 과정에서 표
출된 지역주민의 행동을 님비현상으로 볼 것인지, 민주사회에서의 정당한 요구로
볼 것인지 본인의 생각을 서술하시오.

팬 덤

Fandom

특정 인물 · 분야를 열정적으로 좋아하는 문화적 현상

● ● ●

#광신자 #파나티쿠스 #스타덤 #문화소비자운동

 3분 개요

어떤 대중적인 인물이나 분야에 지나치게 편향된 사람들을 하나의 큰 틀로 묶어 정의한 개념이다. 텔레비전의 보급과 함께 대중문화가 확산되면서 나타난 현상의 하나다. 팬덤이 문화적으로 영향력을 행사하면서 팬덤문화라는 말도 탄생했다.

한편 연예인 팬클럽 사이의 집단충돌, 연예인 상대의 스토킹, 사이버테러와 같은 부정적 현상을 팬덤현상^{Fandom Phenomenon}이라고 명명하며 팬덤을 저급한 하위문화로 취급하기도 한다.

팬덤은 영어에서 '열정적', '광신자'를 뜻하는 단어 'Fanatic'의 'Fan'과 '영지^{領地} 또는 세력, 범위'를 뜻하는 접미사 '-dom'을 결합한 신조어다. 원래 'Fanatic'은 라틴어 '파나티쿠스^{Fanaticus}'에서 유래한 말로 교회에 헌신적으로 봉사하는 사람을 의미했다.

오늘날의 팬덤은 특정한 인물이나 분야를 열성적으로 좋아하거나 몰입하여 자발적으로 그 속에 빠져드는 사람을 가리키는 용어로 사용되고 있다. 대중 스스로 자신들의 기호에 맞는 대중문화 장르나 특정 인물을 선택해 자신들의 문화 속에 수용하는 하나의 문화현상인 셈이다. 스타덤^{Stardom}이 유명인이 대중문화를 이끌어 가는 방식이라면 팬덤은 대중이 자신들이 좋아하는 유명인에게 자신의 선택과 기호를 제공하는 등 영향을 미친다는 특징을 갖는다.

요즘 우리 사회의 문제점으로 지적되고 있는 스타들에 대한 팬들의 지나친 집착이나 스타의 개인사에 대한 과도한 관심도 일종의 팬덤문화라 할 수 있다. 팬덤은 문화현상의 영역을 넘어 현실 속에 존재하는 하나의 집단으로서 그것은 부정적이든 긍정적이든 사회에 일정한 영향력을 행사한다.

특히 유명 연예인을 대상으로 한 '팬클럽'은 대중문화의 변화를 이끌어가는 주체로서의 역할을 했다. '그 안에 다양한 문화적 취향과 차이를 지니고 있다는 점, 스타와 팬 사이에 획일화된 종속관계를 스스로 거부하며 자생적인 문화활동을 벌이고 있다는 점'

에서 팬클럽은 팬덤문화가 단순한 문화현상이 아니라는 대한 새로운 관점을 갖게 해주었다.

그러나 지나친 열정은 상대에 대한 부정적인 행동을 드러내기도 한다. 스타에 대한 스토킹으로 나타나기도 하고 경쟁 팬덤끼리 근거 없는 비난이나 사이버상 테러로 표출되기도 하는 것이다.

이에 사회학자나 심리학자는 팬덤을 사회적 변화에 따른 대중문화의 산물로 보고, 여러 종류의 팬덤들 사이에서 일어나는 부정적인 현상과 편견만 없애면 건전한 팬덤문화가 정착될 것이라고 말한다.

 ## 지식 확장

팬덤은 조직력과 결속력을 두루 갖췄다는 점에서 새로운 문화운동으로 나갈 수 있는 잠재력을 지니고 있다. 그러나 지나친 경쟁과 반목의 관계를 조장하는 시스템으로 상업적 이윤을 추구하는 기획자의 전략과 이에 대한 책임을 팬덤에게 전가하는 언론의 이율배반적 태도, 그리고 주류문화에 대한 거부감으로 인해 긍정적 측면보다 부정적 측면이 부각되는 것이 현실이다. 이 때문에 오랫동안 문화운동이나 문화소비자운동으로 확대되지 못하고 있다.

그럼에도 팬덤은 이전과 달리 보다 긍정적인 면모를 보이고 있어 주목을 받고 있다. 바로 팬덤 스스로의 만족에 그치지 않고 조직화하여 올바른 대중문화를 이끌 뿐만 아니라 사회적 선행을 주도하고 있기 때문이다. 최근에는 창작활동 등 다양한 분야에서도 대중문화를 선도하고 있다.

한편 팬덤은 마케팅의 측면에서 다양하게 고려되고 있다. 팬덤의 기대치를 이해하고 그에 부응하는 변화를 이끌어가는 것과 아울러 팬덤을 이용한 일명 굿즈^{Goods}라는 이름의 관련 상품을 제조·판매하는 것이 한 예다. 그러나 굿즈의 경우 팬층이 10·20대가 주를 이루고 있는 현실에서 굿즈에 '리미티드 에디션'이라는 수식어를 붙여 100만 원을 호가하는 것은 팬들의 심리를 이용한 부당한 판매행위라는 비판을 받고 있다.

실전 응용 Delivery

현대사회에서 팬덤현상의 부정적 영향과 긍정적 영향을 서술하시오.

문화지체

Cultural Lag

물질문화와 비물질문화 간 변화속도의 차이로 인해 발생하는 사회부조화

●　●　●

#사회변동론 #오그번 #아노미 #부조화

 3분 개요

문화변동에 있어서 문화요소 간 속도차이로 인해 사회구성원들이 사회생활에 적응하지 못하거나 가치관 혼란 등의 부작용을 겪게 되는 현상이다. 특히 '물질문화'의 변동속도를 '비물질문화'가 따라가지 못하여 발생한다.

새로운 기술과 상품이 빠르게 등장하는 시대에는 이러한 문화지체현상이 갈수록 심화된다. 또한 사회발전에 장해를 유발할 수 있고, 범죄의 원인이 되기도 한다. 미국의 사회학자 윌리엄 필딩 오그번William Fielding Ogburn, 1886~1959이 자신의 책《사회변동론Social Change, 1922》에서 처음 제시했다.

한 사회의 문화는 물질적인 것과 비물질적인 것을 모두 포함하고 있고, 각 사회에서 문화가 변동할 때 다양한 문화요소들이 조화롭게 발전하는 것이 이상적이다. 그러나 보통 자동차 · 기계 등 물질문화의 변화는 빠르게 이루어지는 반면, 정치 · 종교 · 윤리 · 행동양식 · 제도 · 예절 등과 관련된 정신적 가치관의 변화는 상대적으로 느리다.

이처럼 비물질문화가 물질문화의 변동속도를 따라가지 못할 때 심각한 사회적 부조화현상이 야기된다. 자동차 발달에 비해 교통질서에 대한 의식이 발전하지 못하는 것이 그 예다. 차량의 수와 에너지의 소비량이 기하급수적으로 증가했지만, 교통질서에 대한 의식이 약했고 환경오염에 대한 경각심이 부족했으며 생태계 보전을 위한 노력이 결여되어 있었다. 의식은 여전히 전통사회 수준에 머물러 있었던 것이다.

전동킥보드가 유행하지만 이와 관련된 제도로서의 법규가 없는 것도 마찬가지다. 이처럼 물질문화로 인한 변화를 비물질이 따라가지 못하는 상태가 바로 문화지체라고 한다. 문화지체는 세대 간에도 일어난다. 젊은 세대가 변화에 비교적 쉽게 적응하는 데 반해 기성세대는 쉽게 변화하지 않기 때문이다. 문제는 이러한 문화지체로 인해 도시의 정상적 기능이 어려워진다는 것이다.

한편 문화지체가 심해져 도저히 비물질문화가 물질문화를 따라

가지 못하게 되면 사회적 혼란으로 인해 규범이 사라지고 가치관
이 붕괴되는 무규범적 상태를 야기한다. 이런 현상을 아노미^{Anomie}
라고 한다.

 지식 확장

상황변화에 민감한 사회는 물질문화의 변화와 함께 비물질문화에
대한 제도를 마련한다. 그러나 제도가 가치관으로서 대중들 사이
에 자리 잡는 데까지는 많은 시간이 필요하다. 사회구성원 간 이
해관계의 차이 때문이기도 하고, 기존의 관습 · 규범 · 제도 · 가치
등에 대한 애착 때문이기도 하다. 문제는 과학기술의 발전이 이전
과 달리 급속도로 진행되고 있다는 것이며, 그 기술이 인류의 삶
을 크게 바꿨지만 그로 인한 부작용도 극심해졌다는 것이다.

　삼성경제연구소 2009년 자료에 따르면 문화제체로 인한 우리나
라의 사회적 비용이 전체 GDP의 27%를 차지했다. 전국경제인연
합회 2010년 자료도 매년 246조원에 이른다고 보고했다. 이는 경
제활동 가능 인구의 25%가 실업상태에 있는 것과 동일한 손실이
다. 문화지체가 실질적인 경제적 손실로 이어지고 있는 것이다.

실전 응용 Delivery

'기존 가치관의 파괴는 문화의 파괴다'라고 보는 주장을 문화지체의 관점에서 논
하시오.

Fast Food Humanities

좋은 **책**을 만드는 길
독자님과 **함께**하겠습니다.

패스트푸드 인문학

초 판 발 행	2020년 03월 10일(인쇄 2020년 01월 15일)
발 행 인	박영일
책 임 편 집	이해욱
저 자	이다온
편 집 진 행	김준일 · 이세경 · 조재연
표지디자인	김도연
편집디자인	임아람 · 안아현
발 행 처	시대인
공 급 처	(주)시대고시기획
출 판 등 록	제 10-1521호
주 소	서울시 마포구 큰우물로 75 [도화동 538 성지 B/D] 9F
전 화	1600-3600
팩 스	02-701-8823
홈 페 이 지	www.sidaegosi.co.kr
I S B N	979-11-254-6584-3(03100)
정 가	15,000원